重庆市教育科学"十四五"2021年度立项重点有经费课题《区[
构与实施研究》（编号：2021-11-076)研究成果

中学科创教育 STEAM 课程

曾亚琼　　主编

吉林大学出版社

·长春·

图书在版编目（CIP）数据

中学科创教育 STEAM 课程 / 曾亚琼主编 . -- 长春：
吉林大学出版社，2021.12
ISBN 978-7-5692-9742-3

Ⅰ．①中… Ⅱ．①曾… Ⅲ．①程序设计－教学研究－
中小学 Ⅳ．① G634.671

中国版本图书馆 CIP 数据核字（2021）第 254436 号

书　　名　中学科创教育 STEAM 课程
　　　　　ZHONGXUE KECHUANG JIAOYU STEAM KECHENG

作　　者　曾亚琼　主编
策划编辑　朱进
责任编辑　蔡玉奎
责任校对　周鑫
装帧设计　郭瑞华
出版发行　吉林大学出版社
社　　址　长春市人民大街 4059 号
邮政编码　130021
发行电话　0431-89580028/29/21
网　　址　http．//www．jlup．com．cn
电子邮箱　jldxcbs@sina.com
印　　刷　三河市嵩川印刷有限公司
开　　本　787mm×1092mm　　1/16
印　　张　11
字　　数　160 千字
版　　次　2021 年 12 月第 1 版
印　　次　2023 年 8 月第 2 次
书　　号　ISBN 978-7-5692-9742-3
定　　价　49.00 元

曾亚琼,中学正高级研究员,北京师范大学在职博士,中国特色品牌学校共同体专家团成员,重庆市骨干教师、渝北名师,渝北区教科所所长,渝北区教育学会会长。重庆市重点课改课题《区域推进科创STEAM教育行动研究》课题负责人(该课题2020年已结题),已出版《行走在教育科研的路上》《区域推进科创教育STEAM课程行动研究》《给力三尺舞台》《学校那些事儿》等教育专著。

序

STEAM 教育缘起于美国，盛行于欧美发达国家，近年来传入中国，并在基础教育行业中悄然走热。这是顺应国际教育发展趋势的大好事，但如果不能正确理解 STEAM 教育的精髓，则会出现"橘生淮南则为橘，生于淮北则为枳"的现象。STEAM 教育不同于传统分科知识教育，它是综合性的探究教育，以提升学生的 STEAM 综合性素养为核心。只有完整地把握和理解 STEAM 教育的内涵与要求，才能科学、合理地实施 STEAM 教育。

一、关于 STEAM 课程的理解

在内容上，STEAM 是科学、技术、工程、艺术和数学五个领域的综合。这种综合不是简单的集合和拼凑，而是围绕一个问题或项目，运用多学科知识解决问题，因此是一种综合性的项目学习。

在形式上，STEAM 是知识、方法、技能、能力、态度和价值观等多种元素的综合。不以科学知识为基础就不会有技术的创新。技术的创新没有态度和艺术情感的引导，会缺少创新的动力和创新的价值。所以，STEAM 素养既不单指知识，又不单指创新能力，而是知识、技能、能力、情感、态度和价值观等因素的综合。

在操作策略上，STEAM 课程与分科课程相对。它与分科课程有两种关系。一种是以 STEAM 课程取代传统的数学、物理、化学、生物等分科课程，对其内容进行充分整合，组成一门新的 STEAM 课程；另一种是把 STEAM 课程作为一种后设课程，即在分科课程之后设置的课程，指学习者在学习分科课程之后再学习 STEAM 课程。笔者更倾向于把 STEAM 课程作为分科课程之后的后设课程，通过对分科课程知识的综合运用，从而解决实践中的问题，进行科技创新。

在课程设置上，有相关课程、融合课程和核心课程。相关课程是在保留原先分科课程的基础上，寻求五个学科之间的共同点和交叉点，使这些学科能够按照互相照应的顺序进行，五个学科的老师一起备课，看看哪些主题具有相关性，按照相关的主题进行教学。融合课程：要消除分科的界限，将五门学科的知识整合为一个新的领域。这样的课程依托于科学、技术、工程、艺术与数学，内容具有高度的整合性，涉及多个学科，需要一个大的主题单元才能把相关的内容纳入其中。核心课程：是以科技或工程问题为核心，根据解决问题的需要，让学生通过活动，组织所需要的科学、技术、工程、艺术与数学知识，形成连贯的、有组织的课程结构，STEAM 核心课程偏重于知识的综合运用，适宜于在学习分科课程之后进行，它主要是检验知识的运用，培养学生解决问题的能力。

在实施策略上，STEAM 课程也有特定的要求，其核心是探究性。STEAM 课程暗线是科学和数学，明线是技术和工程，价值体现在艺术。科学和数学是技术和工程的原理和基础，技术体现在工程之中。STEAM 课程以工程设计的项目为架构，利用工程设计整合课程内容，产生具体项目，把科学、数学的基础知识和技术能力融合在工程项目之中。所以，STEAM 课程的学习是基于问题的探究性学习，强调实践探究与工程设计。这也是 STEAM 中"E（工程）"的含义与要求。

二、关于 STEAM 课程的教学

基于对STEAM课程的理解，根据综合运用科学、数学和技术的知识解决工程中问题的要求，对STEAM的教学也有一些基本的思路，比较典型的有以下几个步骤：

一是发现问题。STEAM学习是探究性学习，探究必须从问题开始。STEAM的问题是基于生活情景的真实问题，这个问题可以由教师给定，也可以学习者自己发现。教师给定的属于验证某个结论的问题，这样的探究具有模拟性。学习者发现的问题，如果没有一定的限定条件，就会与科学家发现问题完全一样。因此，STEAM 的问题既需要开放和创造，也需要一定的限定。教师要在一定的条件下引导学生发现问题，发现问题是 STEAM 的开端。

二是提出假设或设计方案。科学假设是科学理论的一种可能表达。科学研究之所以不是盲目的尝试，就在于它是有根据的，是一个提出假设、求证假设的过程。科学假设是根据已有的科学知识和观察到的事实，对所研究的问题提出的一种猜测性陈述、一种可能性解答。假说是一种猜想，但不同于无端的猜想，它是基于已有的科学知识和新的科学事实作出的一种科学假定，因此，假说是科学性和假定性的统一。提出假设固然要基于科学原理和事实，但假说的提出更需要思维的提炼。对于工程问题而言，提出假设的过程也是制定方案的过程。

三是科学求证或实施方案。假说是否是真理，需要科学验证。这种验证需要收集证据，需要对证据进行分析和验证，需要科学实验，也需要逻辑思维。证据收集是科学求证的第一步。证据可以来自观察，也可以来自实验，还可以基于科学原理的逻辑推理。求证过程中，需要对证据进行验证，显示其科学性。对于工程问题而言，就是要把设计的方案付诸实施，从而验证方案。如果无法验证或者验证不成功，就需要返回到步骤二，重新提出假说。因此，STEAM 是一种基于证据的学习。

四是得出结论或评估方案。科学假设通过科学求证和数据分析，对假设进行验证：假设是否成立，是否需要修正等等，都需要通过科学验证后得出定论。由于科学研究的复杂性，一次实验求证不一定都能得出确定的结论，因此，它需要不断修正方案，不断进行验证，进而不断地修正结论。对于科学研究来说，这个过程看重的是结果，但对于 STEAM 的学习而言，过程比结果重要，因为在过程中培养了学生的探索精神和解决问题的能力。对于工程问题而言，就是要根据方案的实施情况对方案进行评估，验证其效果，进而进行修正和完善。

五是反思分享。从提出问题到得出结论，是科学研究的完整过程。但作为一个教学策略，STEAM 还应该有一个反思分享环节，通过这一环节，学习者对自己发现问题、验证问题和得出结论中的经验和错误做出分析，提炼成功经验，促进解决方法的可迁移性，提升学习迁移能力。同时，与学习者共同的分享交流有助于产生新的观点，发现新的问题。

三、关于 STEAM 教育的类型

当然，STEAM 教育有多种类型，比如有验证型 STEAM、探究型 STEAM、制造型 STEAM、创造型 STEAM 等等，不同类型的 STEAM 教育，其教育策略有所不同。不管哪种策略，都要使学习者经历完整的科学研究过程。但 STEAM 作为学生的一种学习方式还不可能完全像科学家那样创新，它需要教师的指导和提供一定的典型材料，设计一定的结构化程序。从验证型 STEAM 到创造型 STEAM，研究的成分越来越强，教师的指导会越来越少，学习者的自主性和创造性就会越来越强。STEAM 的学习就是要培养学生的创新能力，实现从验证到创新的突破。

我想，只有厘清了 STEAM 教育的这些关系，才能真正用好这本课程读本。这本课程读本的编写也是我基于学习后的认识，有很多研究 STEAM 教育的前辈给了我很多启发和经验。

希望老师们结合学校实际、结合教师和学生实际，选择恰当的教学主题、教学内容、教学策略，上好 STEAM 课程，培养学生创造创新能力，形成科创素养。

曾亚琼

2021 年 7 月

目录

第一单元　能工巧匠

　　工匠精神的价值，在于精益求精，对精品的坚持和追求。作为古代工匠精神的代表，榫卯结构通过各个构件间精巧的连接形式，实现了创造与艺术的完美契合；为了古代工匠精神的延续，我们又将把科技与创意融合到一桌一椅的设计当中，让骨子里传承的匠心重现于设计图纸。本单元的课程主要通过学生对中国古人智慧榫卯结构的学习，在传承和培养我国工匠精神的同时，将古人智慧和现代科技结合起来，培养学生的智能制造能力。

Science　科学
Technology　技术
Engineering　工程
Art　艺术
Mathematics　数学

项目一：神奇榫卯

细心观察

　　榫卯，是中国古代建筑、家具及其他器械的主要结构方式，两个构件，采用凹凸部位相结合连接，凸出部分叫榫或榫头，凹进部分叫卯或卯眼。在古代建筑中，榫卯结构凹凸完美地结合在一起，旨在构造天人合一的理想境界，小小的结构中间蕴含着古代人的伟大智慧。他承载着中国古代木制建筑的生命力，也是我国传统建筑、家具结构的灵魂所在。你了解过鲁班锁的构造原理吗，鲁班锁的解锁和复原过程中又蕴含着古人何等的智慧呢？

图 1　隼卯

活动卡片

在既定的时间内，通过团队合作，在了解榫卯结构原理的基础上对鲁班锁进行解锁和复原。

图 2　鲁班锁

活动预备

1. 组建团队

你准备如何探秘鲁班锁？通过小组讨论，合理进行分工安排，完成鲁班锁的解锁和复原。

2. 知识储备

传说春秋时代，鲁班为了测试儿子是否聪明，用6根木条制作了一件可拼可拆的玩具，叫儿子拆开。儿子忙碌了一夜，终于拆开了。这种玩具后人就称作鲁班锁。

图3 鲁班

鲁班锁亦称孔明锁，民间还有"别闷棍""六子联方""莫奈何""难人木"等叫法。它起源于中国古代建筑中首创的榫卯结构。这种三维的拼插玩具内部的凹凸部分啮合，十分巧妙。

三国时期，孔明把鲁班的这种发明制成了一种玩具——孔明锁。原创为木质结构，外观看是严丝合缝的十字立方体。与孔明锁类似的玩具比较多，形状和内部的构造各不相同，一般都是易拆难装。

当然，这些都是传说，"鲁班锁"的核心还是源于中国古代建筑中首创的——榫卯结构。不用钉子和绳子，完全靠自身结构的连接支撑，就像一张纸对折能够立起来，其看似简单，却凝结着不平凡的智慧。经过后人的改造，又有了许多新型的鲁班锁。

图4 新型鲁班锁

鲁班锁的分类：鲁班锁种类繁多，常见的为6根组合，其次为9根组合。依照不同榫形它们可以变出多种形状。如9根孔明锁，挑选其中的若干根，可以完成"六合榫""七星结""八达扣"等。

3. 材料准备

鲁班锁2个。

 **创客实践**

1. 初识榫卯

播放动画，自主观察。榫卯结构就是两个部件一凸一凹的紧密契合。连接部位要达到紧密、牢固，凸凹部分的尺寸有什么要求呢？（学生反馈：凸凹的尺寸一致）

一个简单的榫卯结构是怎样制作出来的呢？（看视频，学生反馈，总结：设计、画线、锯或凿、拼接）

2. 探秘鲁班锁

从古至今，榫卯结构不仅都是木质建筑和家具构建连接的主要方式，还创造出很多充满智慧的益智玩具，鲁班锁就是其中之一。

（1）认识鲁班锁

①鲁班锁（孔明锁），传说春秋时代鲁国工匠鲁班发明，起源于中国古代建筑的榫卯结构。

②出示常见的鲁班锁种类。

（2）解锁鲁班锁

今天，我们一起来探究鲁班锁的解锁和复原，先请各小组根据本组情况，完成小组分工安排。

表 1　探秘鲁班锁

分工	职责	姓名
项目组长	完成小组分工，带领全组完成鲁班锁的解锁和复原	
记录员	相关数据记录	
观察员	仔细观察其他成员操作	
操作员	完成鲁班锁的解锁和复原	
交流发言	对本次活动分享交流	

①请同学们仔细观察鲁班锁的外形、结构和组成，着重强调各组件结合的特点。

②我们平常想开一把锁，都是用钥匙去打开，那鲁班锁的钥匙会在哪里？在解锁的时候，首先要找出能移动的部件。然后寻找第二块可以移动的部件，取出钥匙，记录员详细记录取钥匙的过程，第一步、第二步、第三步……以便复原时候借鉴。解锁的时候要求学生做到认真、仔细，把鲁班锁平放在桌面，逐块取下，整齐摆放在课桌上。

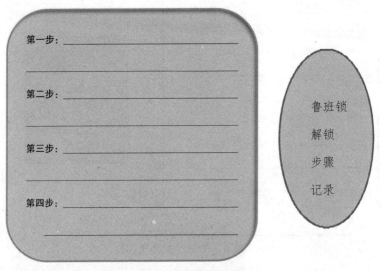

图 5　解锁步骤记录

③同学们，你知道鲁班锁解锁的关键了吗？（你发现钥匙了吗？进行原理讲解）比较钥匙块与其他块的区别，猜猜小缺口的作用是什么？（最后利用小缺口，复原鲁班锁）再次回顾取下钥匙块的步骤，这是还原关键。

（3）复原鲁班锁

接下来我们将开始对鲁班锁进行复原，思考一下，你认为复原的关键在哪里？

①讨论，如何复原。在小组统一意见后，操作员在其他成员的协助下操作。

②尝试。记录员对失败情况进行记录，并提出意见。提示复原过程为解锁的逆过程。复原最后一块的时候，并不只有一步，出示解锁过程的前四步，提醒同学将任务单二进行逆向操作，从第四步到第一步。

③复原。通过小组合作，完成鲁班锁复原。

④小组其他成员完成解锁及复原。

⑤小组其他成员协助记录员完善心得体会报告。

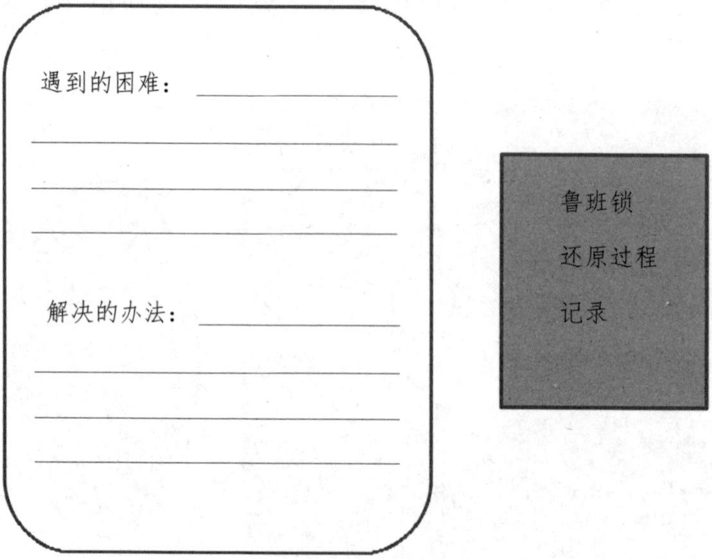

遇到的困难：＿＿＿＿＿＿＿＿

解决的办法：＿＿＿＿＿＿＿＿

鲁班锁

还原过程

记录

图 6　还原过程记录

成果分享

学生上台展示，讲解解锁和复原环节遇到的困难及解决困难的方法。

 反思评价

表2 解锁和复原

评价内容	评分标准	各组得分				
		1组	2组	3组	4组	5组
小组合作	1. 分工明确（3分）					
	2. 合作参与度高（5分）					
任务过程	1. 观察认真仔细（3分）					
	2. 记录清晰（3分）					
	3. 问题顺利解决（3分）					
完成情况	完成任务（2分）					
展示过程	1. 表述条理清楚（3分）					
	2. 表述自然得体（3分）					
合计得分						

 拓展探究

通过仔细观察，认真思考，不断分析，在团队的努力下，我们成功地对现有的鲁班锁进行了解锁和复原，初步认识和了解了榫卯结构。市面上各种榫卯积木，就是古代榫卯工艺的传统智慧创新与现代的益智玩具的体现，赶快收集一二，在榫卯拆拼的过程中体验古人的智慧吧。

项目二：能工巧匠

细心观察

　　在上一项目中我们通过鲁班锁的解锁和复原已经对榫卯结构有了初步了解，其实榫卯结构在传统建筑及家具等木构件接合中也发挥着不可替代的作用，榫卯的特点是在物件上不使用钉子、黏合剂，利用榫卯的方式加固物件，体现出中国古老的文化和智慧。故宫的建筑主要采用了榫卯结构，我们常用的家具中也有卯榫结构。

图 7　榫卯结构

活动卡片

　　本项目以寓教于乐的形式，延续我国古代建筑之魂"榫卯结构"的创新发展和传统文化的匠心传承。学生通过学习榫卯结构的相关理论知识，将榫卯工艺本身的构造优势和文化底蕴应用在现代产品的设计开发上，如制作玩具，工艺品，家具、建筑模型等。

活动预备

1. 发现问题

➢ 榫卯结构的类型有哪些？

➢ 制作成品所需的材料、工具应该怎样选择？

➢ 如何测量、推算、想象、设计绘制工程图？

➢ 如何对成品做出合理具体的评价？

2. 知识储备

榫卯结构历史悠久，早在河姆渡时期就有了榫卯结构，发展到明、清时期达到顶峰，几千年来经久不衰。中国传统家具被中外建筑艺术家所称赞，其核心也是榫卯结构。

榫卯在两个木构件上是如何连接的呢？所采用的是一种凹凸结合的连接方式。凸出部分叫榫（或榫头）；凹进部分叫卯（或榫眼、榫槽），榫和卯咬合固定物件。

图8　榫卯

3. 常见的榫卯结构

 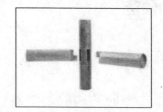

图 9 　圆柱丁字结合榫　　　　　图 10 　圆柱二维直角交叉榫

 创客实践

1. 探究

榫卯结构有哪些类型的连接方式？除了建筑和家具以外，还可应用在哪些领域？只适用于木质材料吗？带着这些问题，同学们通过网络或传统媒体进一步查阅资料，分析归纳并做好记录，为设计创新作品奠定基础。

笔记：_____

_____

_____

_____

2. 思考制作方案

各小组成员协作、讨论，绘制工程图。

（1）应该使用哪种连接类型？

（2）选择的材料应该怎样切割、穿凿、裁剪？

（3）如何构建适合的空间结构？

（4）成品的稳固性和创新性，以及美观度和价值体现的思考。

方案：

3. 一起行动

表 3　《创意木工——榫卯工艺 匠心传承》任务书

小组编号		作品名称	
1. 分工情况 （图纸设计、测量计算、数据统计、材料加工、作品组装、小组分享等）			
2. 设计思路 （科学、技术、工程、艺术、数学等）			
3. 本组评价 （作品设计、制作过程、分工合作、完成情况等） （1）优点 （2）不足			

 成果分享

　　小组展示工程图和作品，并讲解组员分工情况、设计思路、制作过程中遇到的难题等，未完成作品的小组总结失败的原因，以帮助改进。

反思评价

表4 小组展示

评价项目	评分标准	各组得分				
		1组	2组	3组	4组	5组
小组合作	1. 分工明确（3分），分工不明确（2分），没有分工（0分）					
	2. 合作参与度高(5分),合作参与度不高(3分），没有合作（0分）					
构图设计	1. 空间结构合理（3分），空间结构一般（2分）					
	2. 有创意（3分），创意一般（2分）					
	3. 稳固性好（2分），稳固性不好（1分）					
完成情况	完成作品(2分),未完成但完成50%以上(1分)					
科学精神	1. 工程图设计严谨（3分），工程图设计出现失误（0分）					
	2. 节约成本（3分）					
展示过程	1. 表述条理清楚（3分）					
	2. 作品有一定使用价值和艺术价值（3分）					
合计得分						

拓展探究

探秘榫卯结构在木构件连接方面有何优点是现代金属黏胶制作工艺不能替代的？并将探究调查的情况以科学观察小论文的方式呈现，与各小组交流分享，相互学习，共同进步。

项目三：创意椅子

 **细心观察**

古人最早的坐是"席地而坐"，这个阶段经历了两千多年的历史，地面较硬，不符合人体工程力学，坐久了腿会麻，不舒服。有的是跪着，跪久了膝盖也不舒服。椅子由胡床演变而来，随着时代的发展，现代椅子既美观时尚，又造型多变，越来越符合人们的需求。在椅子设计过程中，需要考虑哪些方面呢？

图 11　席地而坐

 活动卡片

请你们设计一把舒适的椅子，要求构思新颖、独特，创意与实用功能相联系。可以先独立思考，再小组讨论，完成椅子的设计图，最后按照设计图制作出椅子的模型。注意椅子要尽量设计得结实牢固，避免安全隐患。

活动预备

1. 组建团队
请同学们按照自己擅长的项目自愿组队，并明确具体职责。

2. 知识储备
观察生活中常见的椅子，你知道椅子都由几部分组成吗？

图 12　椅子

结构：主要由_____、_____、_____三大部分构成。

功能：讨论一下，为了满足人们的需要，可以设计具有哪些功能的椅子？

图 13　多功能椅子

外观装饰：将椅子或椅子的某些部位做装饰或绘画，形成独特的外观特点。

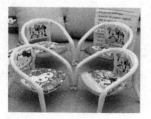

图 14 独特的椅子

椅子的造型：将椅子或椅子的某个部位设计成某个物体的样式，比如＿＿＿＿、＿＿＿＿＿＿、＿＿＿＿＿＿、＿＿＿＿＿＿或＿＿＿＿＿＿等。

图 15 有趣的椅子

3. 材料准备

泡沫塑料板（400mm×400mm）、美工刀、高黏泡沫棉、钢尺、铁丝（扎丝）、棉布、海绵、剪刀、铅笔等。

 创客实践

1. 任务聚焦

通过以上分析，要设计并制作出一把椅子，需要考虑哪些方面，实现哪些任务？将椅子制作任务分解成若干需要完成的小任务，再把小任务分解成一个个具体的步骤，进行合理安排，做一个周密的计划，参考下面的"任务分解表（表 5）"来设计自己小组的创意椅子任务分解表。

表 5   创意椅子任务分解表

任务分解	具体步骤	注意事项
任务一：完成创意椅子设计图	第一步：	
	第二步：	
任务二：制作创意椅子	第一步：	
	第二步：	
任务三：改进完善	第一步：	
	第二步：	

2. 设计方案

小组内先讨论设计一把什么样的椅子，可以从椅子的造型、功能和外观装饰上进行创新设计，在设计过程中，尽量让椅子牢固和结实，避免安全隐患。（以下是设计样图，图 16）

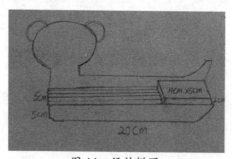

图 16   设计样图

3. 制作椅子

完成设计图以后，请同学们按照设计图制作椅子模型，要求椅子模型尺寸范围 15 cm ～ 40 cm。

4. 改进完善

活动指引卡

根据出示的评价量表，结合自己的椅子模型，思考如何取得更好的分数

顺利完成得分：_____

预估造型得分：_____

预估装饰得分：_____

预估功能得分：_____

其他创意得分：_____

图 17 讨论记录

成果分享

通过学习椅子的相关知识，自己动手制作椅子，相信你已经对椅子有了比较深刻的理解，对于椅子的设计有了自己的想法。请把创意椅子的设计图稿、样品、活动记录及反思感想整理出来，以作品展示的形式呈现出来，与同学们和老师一起分享！

 **反思评价**

表6 反思感想

评价内容	自我评价 （A、B、C、D）	组内点评 （A、B、C、D）	教师评价 （A、B、C、D）
创新精神			
问题意识			
动手能力			
合作意识			
任务完成度			
自我反思：			

 **拓展探究**

如果没有材料的限制，同学们试想，未来的椅子会发展成什么样呢？怎样设计才能满足未来人们的需求，可将你的奇思妙想设计成未来的科技产品，并在设计图中展现出来。

项目四：创意书房

细心观察

由于科学技术的迅猛发展，物质财富不断增加，人们对家居生活与学习环境也有了更高的要求。以下是两张现在人们使用的书房图片，请同学们仔细观察，然后想一想，一般书房有哪些必备品？

第一：＿＿＿＿＿＿＿＿＿＿＿＿＿＿＿

第二：＿＿＿＿＿＿＿＿＿＿＿＿＿＿＿

第三：＿＿＿＿＿＿＿＿＿＿＿＿＿＿＿

第四：＿＿＿＿＿＿＿＿＿＿＿＿＿＿＿

第五：＿＿＿＿＿＿＿＿＿＿＿＿＿＿＿

图18 书房必备

活动卡片

1. 学习创意原理
2. 设计我们心中创意书房的方案
3. 根据要求修改方案

图 19 创意书房

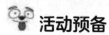 **活动预备**

1. 组建团队

设计组：

（　　　）组长：

带领本组全体成员按时完成作品设计与展示等活动。

（　　　）记录员：

负责记录本组各成员的表现情况，与评审组专员一起负责本组优秀组员的推荐。

（　　　）宣传员：

负责本组作品的展示与讲解，也是本组的形象代言人。

（　　　　　）绘图员：

负责将本组设计作品的想法绘制成设计图，以使向全班同学进行展示。

（　　　　　）设计员：

负责本组作品问题的提出、分析与解决等。

评审组：　　　组长：

1组专审员：（　　　）

2组专审员：（　　　）

3组专审员：（　　　）

4 组专审员：（　　　）

5 组专审员：（　　　）

负责本组作品设计与展示情况，具体任务有：

①为本组加油；

②随时提醒本组作品完成进度与作品展示时间等；

③巡视本组成员参与情况；

④为本组作品提出修改意见。

根据组团要求，由班长确定各组组长，由组长根据同学们的特点确定组员。

2. 知识储备

（1）什么是创意

创意与 IDEA 有关。在计算机中，IDEA 是 Java 语言开发的集成环境的一种程序，IDEA 算法也是一种数据块加密算法。IDEA 的意思是"想法、主意、概念"。

创意还指对现实存在事物的理解以及认知，所衍生出的一种新的抽象思维和行为潜能。创意＝现实＋想法＋行动。

（2）创意的作用

没有创意就没有创新，没有创新就没有国家与民族的生存与发展。我国要生存发展就需要大量的"能工巧匠"，其中：巧＝创新。

（3）创意思维的程序

创意思维中，有三种有代表性的程序。

①杨氏程序

主要包括收集资料、品味资料、孵化资料、创意诞生和定型实施几个步骤。

②奥氏程序

包括查询资料、创意构思、寻优求解的过程。

③黄氏程序

藏：收藏资料，运：运算资料，化：消化资料，生：产生创意，修：修饰所产生的创意。

由此看来，创意的产生过程可以大致分为收集资料—分析资料—产生创意—改进完善的过程。

3. 案例分析

（1）实例一：海上书房

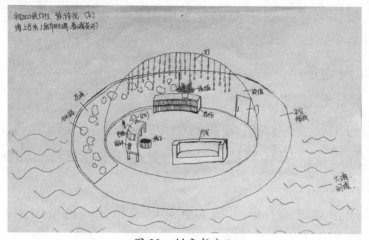

图 20　创意书房 1

（2）实例二：阳光书房

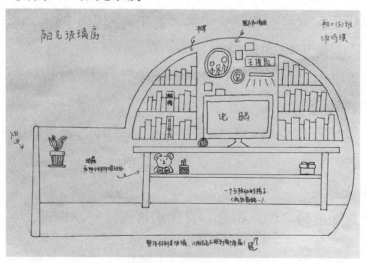

图 21　创意书房 2

4. 材料准备

A4、A3 空白打印纸，水彩笔，铅笔，橡皮，数学作图工具等。

创客实践

1. 任务聚焦

为了设计出我们心中的创意书房，可以依次通过完成什么任务来实现？我们可以把每个任务分解成一个个具体的步骤，进行合理安排，做一个周密的计划，接下来，请设计出自己小组的创意书房设计任务分解表吧。

表 7　创意书房设计任务分解表

任务分解	具体步骤	注意事项
任务一：	第一步：	
	第二步：	
任务二：	第一步：	
	第二步：	
任务三：	第一步：	
	第二步：	

2. 设计方案

根据前文创意知识和案例分析的学习来和小组成员交流讨论想法，将小组最后确定的设计方案图呈现出来。

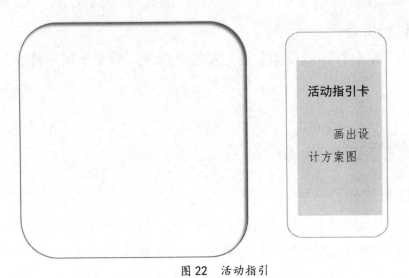

活动指引卡

画出设
计方案图

图 22　活动指引

3. 与现有书房相比的优点

（1）＿＿＿＿＿＿＿＿＿＿＿＿＿＿＿＿＿＿＿＿＿＿＿＿＿

（2）＿＿＿＿＿＿＿＿＿＿＿＿＿＿＿＿＿＿＿＿＿＿＿＿＿

（3）＿＿＿＿＿＿＿＿＿＿＿＿＿＿＿＿＿＿＿＿＿＿＿＿＿

（4）＿＿＿＿＿＿＿＿＿＿＿＿＿＿＿＿＿＿＿＿＿＿＿＿＿

4. 改进完善

　　小组内各成员讨论设计方案存在的问题，应该如何进行改进。根据讨论的结果对初步设计的方案进行优化，并根据此方案设计出较为完美的图纸。

问题一：＿＿＿＿＿＿＿＿＿＿＿＿

影响因素：＿＿＿＿＿＿＿＿＿＿＿

＿＿＿＿＿＿＿＿＿＿＿＿＿＿＿＿

问题二：＿＿＿＿＿＿＿＿＿＿＿＿

影响因素：＿＿＿＿＿＿＿＿＿＿＿

＿＿＿＿＿＿＿＿＿＿＿＿＿＿＿＿

问题三：＿＿＿＿＿＿＿＿＿＿＿＿

影响因素：＿＿＿＿＿＿＿＿＿＿＿

＿＿＿＿＿＿＿＿＿＿＿＿＿＿＿＿

活动指引卡

可以从
书房实用、
舒适、智能
等方面分析

图 23　讨论记录

5. 我们心中的创意书房

我们已设计出创意书房，但还不是很完美，我们能不能从书房组成设施的功能、人性化等方面去延伸、增加、调整、代替、改善？

（1）延伸：

（2）增加：

（3）调整：

（4）代替：

（5）改善：

图 24　完善方案

成果分享

1. 成果展示

由各组宣传员进行本组作品展示，评审组根据评分表进行打分。

表8 创意书房作品评分表

组名：

评分项目	评分细则	分值	实际得分
舒适度	以人为本，所设计书房能让人感到舒服	2分	
创新度	所设计的作品至少一项是当前没有的	3分	
展示度	能清晰展示所设计的作品（标题、创新点与现书房的不同点）	2分	
团队合作度	小组内各成员合作和谐、愉快，能在规定时间内完成	2分	
完成所有过程时效度	能否在规定时间内完成作品设计与展示	1分	
合计			

2. 总结评价

通过学习创意的相关知识和自己的实践体验，相信同学们已经对创意有了比较深刻的理解，从中获得了不少的感悟。请把这些内容整理出来，与同学们和老师一起分享。

反思评价

表9　感悟整理

评价内容	自我评价 （A、B、C、D）	组内点评 （A、B、C、D）	教师评价 （A、B、C、D）
创新精神			
问题意识			
动手能力			
合作意识			
任务完成度			
自我反思：			

拓展探究

　　未来的书房会是什么样子？同学们可以发挥想象将想象中的未来书房以科幻画的形式展示出来。

　　在我们生活中，还会遇到各种各样的问题，如何对问题进行抽象与分析，选择出合理的、科学的解决方案，同学们一定有自己的想法，我们可以选择自己感兴趣的问题，通过查阅资料，了解相关的科学原理，设计出自己满意的创意方案。

第二单元　智慧环保

　　幸福生活不仅在于丰衣足食，还在于碧水蓝天，随着社会的不断发展，环境保护问题也愈发严峻，垃圾分类就是环保的重要一环。本单元课程中，将环保元素与科技创新相融合，通过学生对编程技术、机器人技术、3D打印技术的学习与运用，解决垃圾分类的现实问题，并培养学生对人工智能探索的兴趣。

Science	科学
Technology	技术
Engineering	工程
Art	艺术
Mathematics	数学

项目一：智能垃圾桶

细心观察

目前，我国正在大力开展垃圾分类工作，垃圾桶也都换成了分类垃圾桶。相信很多人都遇到过这样的困扰，面对分类垃圾桶，手上的垃圾不知该扔进哪一个。"如果垃圾桶能自己分类就好了"这可能是大部分人扔垃圾时，都会产生的想法。

图 25　分类垃圾桶

如何让垃圾自己分类呢？我们知道扫地机器人会自己扫地，无人驾驶汽车会自己开车，这些都是因为工程师们编写了程序让它们自动运行。因此，我们也可以编写程序进行垃圾自动分类。

图 26　垃圾自动分类

活动卡片

此项目的目的：设计智能分类垃圾桶。利用开源硬件搭建智能分类垃圾桶的结构，采用 3D 打印技术设计独具创意的垃圾桶外形，最后编写程序实现垃圾自动分类。

图 27　智能垃圾分类桶

 活动预备

1. 组建团队

你准备如何设计智能分类垃圾桶，进行交流讨论，找到志同道合的伙伴组成团队，并进行合理的分工协作。

2. 知识储备

在设计智能分类垃圾桶之前，需要完成以下学习。

图 28　垃圾分类

（1）了解垃圾分类方法

主题：我们每天的生活垃圾有哪些？

方法：观察生活垃圾并进行分类。

任务：参考右图，制作各类垃圾分类指南。

（2）认识 3D 打印技术

主题：什么是 3D 打印技术？

方法：小组之间合作通过网络了解 3D 打印技术。

任务：3D 打印技术的概念、3D 打印技术的历史、3D 打印技术在生活中的应用。

（3）学习 3D 模型设计

主题：设计一个 3D 模型。

方法：小组合作通过青少年三维设计社区学习 3D One 的基本操作。

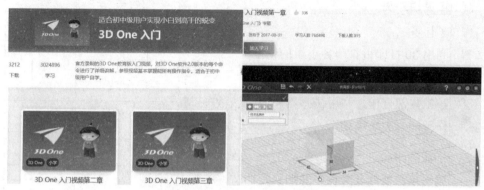

图 29　3D One 学习资源页面

任务：通过学习利用3D One软件设计一款垃圾桶的模型。（利用实体、拉伸、抽壳等指令）

3. 材料准备

开源硬件（主板、积木、舵机、颜色传感器、杜邦线等）、3D打印机与耗材、图形化编程软件、3D One 软件、切片软件。

创客实践

1. 任务聚焦

我们将基于 3D 打印技术来设计创意的智能分类垃圾桶，包括外观设计、模型打印、硬件组装和程序设计四个子任务。

在实践之前，再将四个子任务分解成一个个具体的步骤，并进行合理安排，做一个设计制作智能垃圾桶的周密计划。

表 10　任务聚焦

任务	任务分解	制作步骤	注意事项
设计制作智能分类垃圾桶	子任务一： 小组合作利用 3D One 建模软件设计智能分类垃圾桶外观	第一步：	
		第二步：	
	子任务二： 利用 3D 打印机打印各小组的模型	第一步：	
		第二步：	
	子任务三： 小组内部合作，利用传感器和 3D 模型等，制作智能分类垃圾桶	第一步：	
		第二步：	
	子任务四： 编写垃圾智能分类程序并加载、调试、运行	第一步：	
		第二步：	

2. 设计方案

在设计智能分类垃圾桶外观之前，先思考以下问题，然后请参考下面的"A 组智能垃圾桶设计方案"来设计自己小组的方案。

表 11　小组设计方案

	A 组智能分类垃圾桶方案	
请你思考： 1. 智能垃圾桶的用途？ 2. 如何实现智能垃圾分类（解决方案）？ 3. 每个传感器的用途是什么？ 4. 需要哪些硬件？ 5. 使用什么编程软件？	名称	旋转的垃圾桶
	用途	对回收的垃圾进行智能分类
	解决方案	设想不同类别的垃圾桶使用不同颜色的垃圾袋，在回收到垃圾站的时候，通过履带前端的颜色传感器识别垃圾袋的颜色，然后通过履带运输到末端，通过舵机转动使相应的垃圾桶在履带末端接收履带运输过来的垃圾，实现垃圾分类回收
	功能说明	用不同颜色的积木块代替不同类别的垃圾，利用颜色传感器进行识别，利用舵机使相应的垃圾桶旋转至履带尽头，实现垃圾分类
	硬件	乐高主机及积木块若干、颜色传感器、舵机、履带、触碰传感器
	软件	Scratch 3.0

活动指引卡

　参考上述方案，设计自己小组的智能分析垃圾桶的设计方案

图 30　小组的设计

3. 尝试制作

根据设计方法和步骤，小组合作，尝试制作智能分类垃圾桶。

案例参考：

活动一：搭建智能分类垃圾桶

根据设计方案和设计图，利用开源硬件和积木，搭建智能分类垃圾桶。

图 31　旋转垃圾桶搭建过程

温馨提示：
在安装传感器和主板时，要考虑垃圾桶的稳定性。
在接线时，要尽量将线隐藏起来。

活动二：设计垃圾桶 3D 模型

测量智能分类垃圾桶预留尺寸，利用 3D One 软件，设计垃圾桶的 3D 模型。

温馨提示:

根据打印机尺寸、主板和传感器等适当调整模型尺寸。

设计造型时应适当考虑打印效果,由于 3D 打印机是从下至上层层打印,建议模型总体上是上小下大的设计。

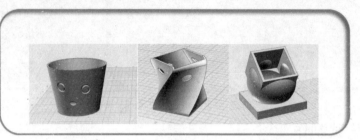

图 32　学生 3D 模型设计图示例

活动三: 3D 打印

利用 3D 打印机打印 3D 模型。

注意事项:

1. 操作 3D 打印机时,请用指腹轻触显示屏,不可使用尖锐物体用力按显示屏。

2. 不可用任何物体堵塞进料口。

3. 取用作品时要用巧劲,不要用蛮力,注意保护碳板。

4. 打印时,不可触碰打印机除显示屏外的任何地方。

5. 打印时,不可在打印机旁边疯闹、跑动,如果要观看,请站在距离打印机 1 米处观看。

6. 特别注意,任何时候都不能用手或身体的其他部位触碰打印头。

7. 打印结束后,等待 1 分钟左右,方可取下作品。

图 33　3D 模型打印示例

控制器 任务2
重复执行
　如果 读取 左键 那么
　　设置 马达 M4 转速为 30
　否则
　　如果 读取 右键 那么
　　　设置 马达 M4 转速为 -30
　设置 第 2 行 显示 读取 马达编码器 M4

旋转的垃圾桶程序截图（1）

控制器 任务1
重复执行
　设置 第 1 行 显示 读取 颜色传感器 P8

旋转的垃圾桶程序截图（3）

控制器 任务3
清零 马达编码器 M4
重复执行
　设置 马达 M2 转速为 50
　在 读取 颜色传感器 P8 = 5 之前一直等待
　在 读取 颜色传感器 P8 = 5 不成立 之前一直等待
　如果 读取 颜色传感器 P8 = 1 那么
　　设置 马达 M4 转速为 -40
　　在 读取 马达编码器 M4 < -1000 之前一直等待
　　设置 马达 M4 转速为 0
　　等待 3 秒
　　在 读取 颜色传感器 P8 = 5 不成立 之前一直等待
　否则
　　如果 读取 颜色传感器 P8 = 2 那么
　　　设置 马达 M4 转速为 -40
　　　在 读取 马达编码器 M4 < -2000 之前一直等待
　　　设置 马达 M4 转速为 0
　　　等待 3 秒
　　　在 读取 颜色传感器 P8 = 5 不成立 之前一直等待
　　否则
　　　如果 读取 颜色传感器 P8 = 3 那么
　　　　设置 马达 M4 转速为 -40

旋转的垃圾桶程序截图（2）

图34 旋转垃圾桶程序截图示例

4. 改进完善

　　小组讨论在制作过程中遇到的问题，思考优化策略。根据讨论的结果对初步设计的方案进行优化，并根据此改进各组的智能分类垃圾桶。

活动指引卡

　　建议从模型设计、模型打印、组装、程序设计和运行效果等方面深入思考

讨论记录

问题：＿＿＿＿＿＿＿＿＿＿

原因：＿＿＿＿＿＿＿＿＿＿

改进策略：＿＿＿＿＿＿＿

＿＿＿＿＿＿＿＿＿＿＿＿＿

图35 改进完善

5. 制造创新

我们制作出了能自己分类的垃圾桶，但是还不是很完美，请思考能不能从硬件、功能、外观等方面去延伸、增加、调整、代替和改善呢？

智能垃圾桶优化方案	
延伸	我给智能分类垃圾桶替换＿＿＿＿＿＿＿＿＿＿＿＿＿＿＿＿＿＿＿＿ 这样就可以＿＿＿＿＿＿＿＿＿＿＿＿＿＿＿＿＿＿＿＿＿＿＿＿
增加	我给智能分类垃圾桶增加＿＿＿＿＿＿＿＿＿＿＿＿＿＿＿＿＿＿＿＿ 这样就可以＿＿＿＿＿＿＿＿＿＿＿＿＿＿＿＿＿＿＿＿＿＿＿＿
调整	我将＿＿调整为＿＿＿＿＿＿＿＿＿＿＿＿＿＿＿＿＿＿＿＿＿＿＿ 这样就可以＿＿＿＿＿＿＿＿＿＿＿＿＿＿＿＿＿＿＿＿＿＿＿＿
代替	我将＿＿用＿＿＿＿＿＿＿＿＿＿＿＿＿＿＿＿＿＿＿＿代替； 这样就可以＿＿＿＿＿＿＿＿＿＿＿＿＿＿＿＿＿＿＿＿＿＿＿＿
改善	我将＿＿改装成＿＿＿＿＿＿＿＿＿＿＿＿＿＿＿＿＿＿＿＿＿＿＿ 这样就可以＿＿＿＿＿＿＿＿＿＿＿＿＿＿＿＿＿＿＿＿＿＿＿＿

图 36　优化方案

 成果分享

通过学习垃圾分类、3D 打印和开源硬件的相关知识，以及小组合作创作智能分类垃圾桶，相信你已经对智能创造有了比较深刻的理解。以小组为单位进行作品展示，并交流心得体会。

 **反思评价**

1. 达标评价标准

表 12 　达标评价

目标	达标要求	达标情况	
知识	1. 能说出垃圾分类的方法和基本原理。	知道	熟悉
	2. 知道 3D 打印技术。	知道	熟悉
	3. 知道 3D 打印的操作步骤。	知道	熟悉
技能	1. 能利用搜索工具获取信息。	学会	熟练
	2. 会使用 3DMore 软件建立简单的 3D 模型。	学会	熟练
	3. 能使用 3D 打印机进行打印。	学会	熟练
	4. 能够编写程序实现垃圾智能分类。	学会	熟练
小组合作	1. 小组成员有良好的分工。	没有	有
	2. 小组每一位成员都参与了小组讨论。	没有	有
	3. 讨论时，每一位成员都发表了自己的意见。	没有	有
	4. 遇到问题时，每一位成员都在想办法解决。	没有	有
分享	1. 分享流畅，没有长时间停顿。	不流畅	流畅
	2. 小组合作分享，并不是一个人分享。	无合作	有合作
	3. 分享内容逻辑清晰，不啰嗦。	不清晰	清晰
时间把控	1. 每一个环节，都在规定时间内完成。	没有	有
	2. 遇到某一个环节耗时较长，能够迅速调整时间分配，在规定时间内完成所有任务。	不能	能
解决问题	1. 在活动过程中，细心发现问题。	偶尔	经常
	2. 针对问题展开了有效的讨论。	偶尔	经常
	3. 针对问题提出了有效的解决方法。	没有	有

2. 作品评价标准

表 13　作品评价

	评价评价	得分	改进意见
实用性（30 分）	能够在日常生活中使用，对垃圾分类有促进效果		
创新性（20 分）	设计和功能等方面有特色		
视觉效果（10 分）	外观和色彩搭配美观		
小组合作（20 分）	小组有明确的分工，且合作效果好		
展示效果（10 分）	阐述清晰、流畅，展示清楚		

 **拓展探究**

在我们生活中，会遇到各种各样的智能分类垃圾桶，它们都能实现自己的分类，但他们的造型和原理大有不同，我们可以选择自己感兴趣的智能分类垃圾桶，通过查阅资料，模仿和借鉴他的原理、设计等，创造出更加智能的分类垃圾桶。

项目二：智能垃圾分类

细心观察

众所周知，垃圾分类是环境保护中的热门话题。在日常的生活中，我们是大量垃圾的制造者，同时我们也是受害者。如果我们对垃圾不做出正确的处理，所造成的危害将远远超出我们的预料。然而，

图 37　垃圾分类 1

我们在进行垃圾分类的同时，也面临着很多的问题。现在使用的垃圾分类箱不适用于所有人群，如：小孩、老人、残疾人等。孩子们发现了生活中使用的垃圾箱和进行垃圾分类时存在的问题，为解决这些问题，设计适用于更多的

图 38　垃圾分类 2

人群的垃圾分类箱。改善了环境问题，有效地提高人们的生活质量，也是社会发展的创新体现。

活动卡片

本节课主要是发现生活中垃圾分类箱存在的问题。针对不同人群设计出合适的垃圾分类箱。了解垃圾分类箱的制作以及工作的流程，提升孩子信息素养，增强创新意识，提高创新能力。

图 39　垃圾分类 3

活动预备

1. 发现问题

生活中使用的垃圾分类箱和进行垃圾分类时存在什么问题。

2. 组建团队

你想设计什么样的垃圾分类箱？针对哪类人群？有哪些功能？有什么创新点？找到伙伴组成团队，成员可以包括：全能组长、金点子记录员、神奇设计师、梦想解说员、金牌评委、数学达人。

3. 知识储备

这节课要运用到电脑建模，孩子们要熟悉建模编程。通过建模软件 3dsMAX、Maya 等，根据设计图导入简单图形，在软件中给这个简单二维平面图形设计一个高度值，就可以得到一个三维图形。教师指导使用建模软件的操作，根据设计图纸设计好 3D 模型。

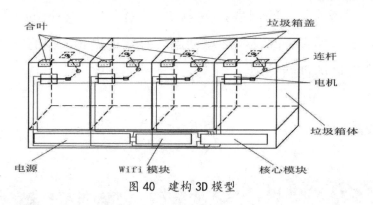

图 40　建构 3D 模型

3D打印是运用粉末状金属、塑料等可黏合材料，通过逐层堆叠累积的方式来构造物体的技术。我们把建好的垃圾分类箱的模型，连上3D打印机，期间会涉及换料等操作。3D打印机打印过程简单分为：建模、再切片软件添加模型、添加支撑、模型切片分层、连接打印机、开始打印、打印完成6个步骤。

常见的垃圾分类箱：

图 41 普通垃圾分类箱

图 42 智能垃圾分类箱

4. 材料准备

垃圾分类箱制作材料：纸板、木板、双面胶、工艺刀主板、WiFi 模块、3D 打印机等。

 创客实践

1. 任务聚焦

任务总目标：设计一款垃圾分类箱，要运用科技创新，要针对不同人群，还要解决垃圾分类的问题。

将总目标进行任务拆解，再把小任务分解成具体的步骤，设计出小组的任务分解表。

表 14　任务分解表

任务分解	具体步骤	注意事项
任务一：	第一步：	
	第二步：	
任务二：	第一步：	
	第二步：	
任务三：	第一步：	
	第二步：	

2. 设计方案

将设计方案以设计图的形式呈现，设计要求：

（1）为设计的垃圾箱命名；

（2）明确适用人群；

（3）设计出垃圾分类箱草图（形状、标明尺寸、颜色等）　注意：颜色只能是对应的四种（可回收物、厨余垃圾、有害垃圾、其他垃圾）；

图 43　垃圾分类的标识及颜色

（4）体现功能；

（5）突出科技创新点。

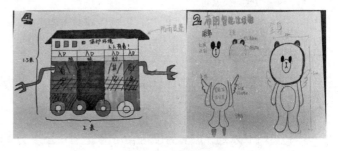

图 44　简要的设计

3. 小组设计汇报

说明小组设计的创新点和功能，按下图进行评价。

分数	1分	2分	3分
外观设计	不美观	美观度一般	十分精美
科技创新	无创新	创新一般	十分新颖

图 45 小组设计评价标准

4. 尝试制作

制作步骤：发现问题——确定解决方案——设计图纸—— 3D 模型建构—— 3D 打印——选取材料——组装——展示——交流汇报——反思改进。

图 46 制作过程图片

5. 制造创新

分小组讨论，使用过程中判断能否帮助不同人群解决垃圾分类问题？是否达到预期的使用功能？创新点是否有体现？如何进行改进？根据使用和讨论结果制定改进方案。

适用人群：＿＿＿＿＿＿＿＿＿＿

功能一 ：＿＿＿＿＿＿＿＿＿

创新点一：＿＿＿＿＿＿＿＿

适用人群：＿＿＿＿＿＿＿＿＿

功能二 ：＿＿＿＿＿＿＿＿

创新点二：＿＿＿＿＿＿＿＿

活动指引卡

分析垃圾分类箱的预期功能是否达到，创新点是否实现

图 47　分析判断

成果分享

本节课由生活中的问题出发，针对生活中使用的垃圾分类箱和进行垃圾分类时存在的问题，我们发挥想象力，进行设计并动手操作，同时针对不同人群，进行了创新设计，使垃圾分类适用于更多人群，请把你的设计思路和作品整理出来，与同学们和老师一起分享。

反思评价

表 15　评价与反思

评价内容	自我评价（A、B、C、D）	组内点评（A、B、C、D）	教师评价（A、B、C、D）
创新精神			
作品美观度			
动手能力			
合作意识			
问题意识			
任务完成度			
自我反思：			

拓展探究

　　大家的创新设计，初步做到了帮助老年人和不会分类的人群进行垃圾语音播报分类。课后，可以继续寻找生活中垃圾分类存在的问题，再进行改进。如：语言方面（包括各地方言、各国语言等）。设置机器人，让机器人参与垃圾分类等。

项目三：智能垃圾回收站

情景呈现

1. 我们国家正在大力倡导垃圾分类，垃圾分类的好处是可以减少环境污染，节约资源，变废为宝。但在生活中，由于人们缺乏正确的垃圾分类知识，常常错分、乱分垃圾。那我们能不能利用科学技术来帮助人们正确分类垃圾呢？今天老师就带来了一套自制的高科技智能垃圾识别设备，下面我们来看看它能不能快速准确地识别垃圾的种类？

2. 老师手里面拿的是一个废弃的口罩，下面我将它放进设备的扫描区，经过设备扫描、识别和判断，识别出口罩是其他垃圾；这是一个废弃的可乐瓶，老师又放进设备的扫描区，经过设备扫描、识别和判断，设备识别出塑料瓶是可回收物。

图 48　垃圾识别

活动卡片

> 利用计算机、程小奔显示屏、摄像头、纸杯等工具材料来设计制作智能垃圾分类回收站。这一课，需要我们理解智能垃圾分类回收站的设计原理，认识其重要的器材的作用，学会组装器材和编写识别、判断各类垃圾的程序。

活动预备

1. 组建团队

你准备如何设计制作智能垃圾分类回收站，与同学交换看法，找到志同道合的伙伴组成小专家设计团队。

2. 知识储备

智能垃圾分类回收站的设计原理：首先利用人工智能机器学习功能，让计算机存储海量的垃圾图片和名字；然后通过摄像头扫描实物垃圾，将垃圾的图像传送到计算机中；接着通过编写的识别、判断程序，对垃圾进行识别和判断；再接着通过语音、显示屏模块将该垃圾的信息反馈给人们；最后人们根据提示，将垃圾扔进正确的垃圾投放区。它的重要组成部分：扫描区、程序区、指示区、垃圾投放区。

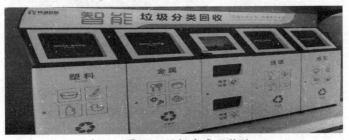

图 49　垃圾分类回收站

请用线将器材和它的用途连起来

笔记本音箱　　　　　　显示信息

编程软件　　　　　　　播放语音

摄像头　　　　　　　　制作垃圾桶

T 型背景板　　　　　　设计程序

纸杯　　　　　　　　　扫描垃圾

程小奔显示屏　　　　　制作扫描区，防止外界干扰

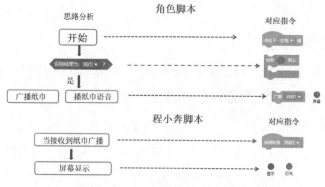

图 50　识别和判断垃圾程序的思路分析

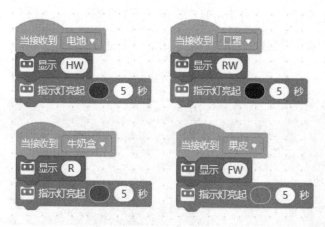

图 51　程小奔程序提示

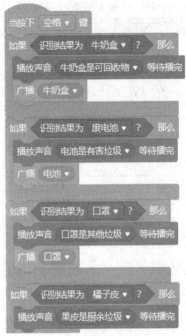

图52 主程序提示

3. 材料准备

笔记本电脑、摄像头、程小奔机器人、T型背景板、纸杯（4个）、剪刀、透明胶、水彩笔、垃圾（废电池、牛奶盒、旧口罩、果皮）。

 **创客实践**

1. 任务聚焦

小专家设计团队要设计制作一套智能垃圾分类回收站，能识别出废电池、牛奶盒、旧口罩、果皮等垃圾的种类，提示人们将垃圾放入对应的垃圾桶里，比一比哪些团队设计的产品性能稳定、功能齐全、美观实用，请将任务及其步骤填入下面表格。

表 16　任务分解表（模板 1）

任务分解	制作步骤	注意事项
任务一：	第一步：	
	第二步：	
任务二：	第一步：	
	第二步：	
任务三：	第一步：	
	第二步：	

2. 设计方案

各小专家设计团队根据每个人的特点确定人员的角色，分配其任务。

确定角色及分配任务（难度较大的任务，可以分配给多人完成）。

A. 连接程小奔、摄像头　　B. 设计扫描区，固定摄像头

C. 设计垃圾投放区　　　　D. 编写程序

F. 完成作品的组装调试　　G. 汇报作品的功能

程序员 1：_____（填名字）主要任务：_____（填字母）

程序员 2：_____（填名字）主要任务：_____（填字母）

设计员 1：_____（填名字）主要任务：_____（填字母）

设计员 2：_____（填名字）主要任务：_____（填字母）

汇报员：_____（填名字）主要任务：_____（填字母）

若设计有其他角色和任务可填写在下面的横线上。

_____（填角色）_____（填名字）_____（填任务）

活动指引卡

画出智能垃圾分类回收站的简图，设计识别和判断垃圾的程序

图 53 设计执行

3. 尝试制作

根据设计方法和步骤，各小专家设计团队合作设计制作智能垃圾分类回收站。

4. 改进完善

各团队讨论在制作过程中存在的问题，应该如何进行改进。根据讨论的结果对初步设计的方案进行优化，制作出更为完善的智能垃圾分类回收站。

活动指引卡

可以从扫描区、垃圾投放区、特别是程序区等进行思考

图 54 改进方法

讨论记录

问题一：__________

影响因素：__________

优化改进方法：__________

问题二：__________

影响因素：__________

优化改进方法：__________

问题三：__________

影响因素：__________

优化改进方法：__________

5. 制造创新

我们制作出了智能垃圾分类回收站，但还不够完美和方便，能不能增加设计垃圾传送带和自动开门的垃圾投放区，这样我们就设计制作出了全自动智能垃圾分类回收站。

成果分享

通过学习智能垃圾分类回收站的相关知识，分工合作设计步骤和制作成品，相信你已经对智能垃圾分类回收站的设计以及程序编写有了自己的见解，请把你的设计思路和感想整理出来，进行展示分享。

反思评价

表 17　评价与反思 2

评价内容	自我评价 （A、B、C、D）	组内点评 （A、B、C、D）	教师评价 （A、B、C、D）
创新精神			
问题意识			
合作意识			
任务完成度			
作品实用性			
自我反思：			

拓展探究

智能垃圾分类回收站在识别垃圾时，都需要按下空格键进行启动识别、判断程序，能不能通过优化程序，让设备更加智能，自动进行识别和判断。

第三单元　疫情防控

　　疫情面前，人人是抗击疫情的行动者。人人皆有爱，就能让疫情无处遁形。本单元课程主要通过学生对病毒知识的认识、了解，学会相关传染病的日常防护，培养研究病毒、预防病毒和智能抗"疫"的医学精神。建立对未知病毒的敬畏意识和超前预警能力，给学生种下一颗解决现实生活中医学难题的种子。

Science 科学
Technology 技术
Engineering 工程
Art 艺术
Mathematics 数学

项目一：病毒来了

 细心观察

　　新型冠状病毒肺炎疫情得到了全民的关注。有效的防护可以极大地降低我们感染病毒的概率。本课程根据人体的三道防线、病毒的 9 种传播方式，让学生了解在日常生活中病毒传播的途径、常见病毒感染后的症状，通过模拟演示让学生学会基础的病毒防护知识。

活动卡片

学生根据人体的三道防线知识、病毒的 9 种传播方式，情景模拟演示面对病毒时我们该如何正确的防护。

图 55　模拟演示

活动预备

　　1. 组建团队

　　根据自己选择的病毒感染类型组成模拟演示团队，并与团队成员讨论交流。

　　2. 知识储备

　　病毒的 9 种传播途径

1. 空气传播：是呼吸系统传染病的主要传播方式，包括飞沫传播、飞沫核传播和尘埃传播三种传播途径。

2. 水传播：包括饮用水传播和接触疫水传播两种方式，一般肠道传染病经此途径传播。

3. 食物传播：主要为肠道传染病、某些寄生虫病、少数呼吸系统疾病的传播的方式。

4. 接触传播：通常分为直接接触传播和间接接触传播两种。

5. 节肢动物传播：亦称虫媒传播，是以节肢动物作为传播媒介而造成的感染，包括机械携带和生物性传播两种方式，比如虱子。

图 56　节肢动物

6. 土壤传播：指易感人群通过各种方式接触了被病原体污染的土壤所致的传播。经土壤传播的疾病主要是传播一些肠道寄生虫病及能形成芽胞的细菌所致感染，比如蛔虫。

图 57　蛔虫

7. 垂直传播：病原体通过母体传给子代的传播，或称母婴传播。

8. 医源性传播：指在医疗及预防工作中，由于未能严格执行规章制度和操作规程，人为地引起某种传染病传播。

9. 水平传播：指病原体在外环境中借助传播因素而实现人与人之间的相互传播。除垂直传播外另七种均属于此类。

人体的三道防线

病毒在入侵我们人体时，我们人体自身是有三道防线。我们人体的第一道防线是由皮肤、黏膜及其分泌物构成的物理屏障。

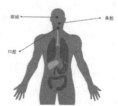

图 58　第一道防线

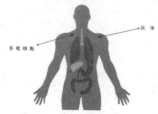

第二道防线是由体液中的吞噬细胞、杀菌物质等组成。

图 59　第二道防线

第三道防线是由胸腺、骨髓、脾脏、淋巴结等免疫器官和 T 细胞、B 细胞等免疫细胞构成。

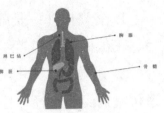

图 60　第三道防线

3. 材料准备

常见药品（外用药、内服药）等。

创客实践

1. 任务聚焦

（1）拟定本小组选择的病毒感染类型。

（2）小组从病毒传播途径、侵入第几道防线、感染后的症状、如何正确地防护进行小组探究。

把小任务分解成一个个具体的步骤，合理安排，做一个周密的计划，参考下面的"任务分解表"来设计自己小组的任务分解表。

表 18　任务分解表 2

任务分解	模拟步骤	注意事项
任务一：	病毒感染类型：	
任务二：	传播途径：	
	侵入第几道防线：	
	感染后症状：	
	如何正确防护：	

2. 设计方案

根据病毒传播的 9 种途径以及人体的三道防线，结合自己对病毒防护知识的了解，模拟演示整个过程。

表19 "人体的三道防线" 第_____小组角色分工表

病毒感染类型名称							
分工安排 （扮演角色）	病人	病毒	医生	护士	记录员	解说员	观察员
组员姓名							

尝试演示

根据设计方法和步骤，尝试情景模拟演示整个过程。

改进完善

分小组讨论在模拟演示过程中出现的问题，应该如何进行改进。根据讨论的结果对初步设计的方案进行优化，并据此演示出较为完整的过程。

问题一：_____

影响因素：_____

_____

问题二：_____

影响因素：_____

_____

问题三：_____

影响因素：_____

_____

活动指引卡

可以从
如何科学有
效的防护，
不同的病毒
有不同的防
范措施等方
面进行分析

图 61　讨论分析

2. 制造创新

我们情景模拟演示了病毒侵入的整个过程，但是防范措施部分还不是很完美，我们能不能从科学的防范措施或形式中获取灵感，改进防范措施部分呢？

成果分享

通过情景模拟演示来学习病毒防护的相关知识，自己参与整个病毒防护的过程，相信你已经对病毒的有效防护有了较清晰的认识和掌握。请把这些内容整理出来，以 PPT、微视频等形式呈现出来，与同学们和老师一起分享！

 **反思评价**

表 20　评价与反思 3

评价内容	自我评价 （A、B、C、D）	组内点评 （A、B、C、D）	教师评价 （A、B、C、D）
创新精神			
问题意识			
自主学习能力			
创新创造能力			
合作意识			
任务完成度			
自我反思：			

 **拓展探究**

　　病毒除了多种传播途径，还非常擅长伪装。所以科学家们呼吁增强自身免疫力从而有效地防护病毒。积累在生活中增强免疫力的方法，比如：补充营养，保证充足的睡眠，放松心情，适当运动，等等。结合你的方法，与同学们一起交流你是如何提高自身免疫力的。有了科学有效的防护、不断强健的体质，我们有信心战胜病毒！

细心观察

　　经济全球化和社会人员的流动，加快了全球传染性疾病的传播和蔓延。各种新型病毒被陆续发现，近年有多起重大病毒型传染性

图62　病毒传播

疾病爆发流行，如甲流、甲型肝炎、SARS 和新型冠状病毒肺炎等。病毒感染的传播方式可分为人际传播、人与动物之间传播以及水体、食物污染，其以爆发力强和传播速度快为突出特点。高危因素则是人体免疫功能低下或伴有局部长期疾病，多个部位的受损。

　　所以，病毒的防护至关重要，积极提高广大人民群众的预防意识，积极进行病毒的防护。首先，要控制传染源；其次，要切断病毒的传播途径；再次，保持室内空气的通畅和个人、环境的卫生；最后，还要注意保持良好的生活习惯，避免感冒、熬夜、过度劳累，适当地增强自身的抵抗力等。我们预防和消灭病毒的目的就是为

图63　日常防护

了保障人体健康和公共卫生。积极的防护才能达到有效的预防，那么，生活中的日常防护用品有哪些呢？

活动卡片

根据生活中现有的口罩制作方法，利用身边的一些材料制作和改良口罩，对口罩做一些优化和改进，使口罩更加符合人体工程学，戴着更加的舒适。在这一课我们需要动脑筋思考制作、优化口罩的具体方法。

图64 示例口罩

1. 组建团队

你打算怎样制作和优化口罩呢，与同学交流看法，找到志同道合的伙伴组成制作团队。

2. 知识储备

口罩原材料纤维全部都是聚丙烯（Polypropylene，简称PP），医用口罩一般简称SMS结构。其中纺粘层是单层，熔喷层根据过滤要求，分为单层或者多层。熔喷布是口罩的"心脏"，是口罩中间的过滤层，具有很好的过滤性、屏蔽性、绝热性和吸油性，是生产口罩的重要原料。

聚丙烯高熔指无纺布专用料，成为口罩的最佳选择，它还可用在一次性手术衣、被单、盖布、液体吸收垫等多个医护用品中。这些材料都来源于中石化、齐鲁石化、镇海炼化、茂名石化等一些化工企业。平面口罩生产工序：

（1）将三层无纺布原料经过机器叠合在一起；

（2）卷边，把鼻夹缝合进去；

（3）将大片无纺布沿着斜面由左到右逐渐变窄做出"折叠结构"；

（4）压片：把口罩表面压平整；

（5）口罩的全自动单个裁断和缝边；

（6）再用无纺布，对口罩进行补边处理；

（7）再次裁断补边；

（8）通过热压的方式，固定挂耳绳；

（9）最后通过质检，杀菌消毒后包装成品。

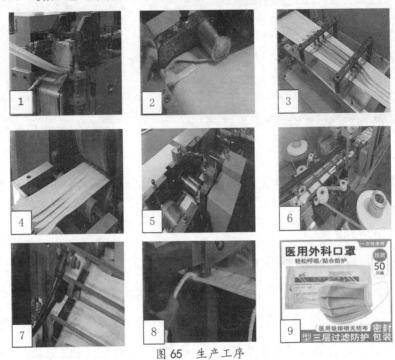

图 65　生产工序

常见的口罩：

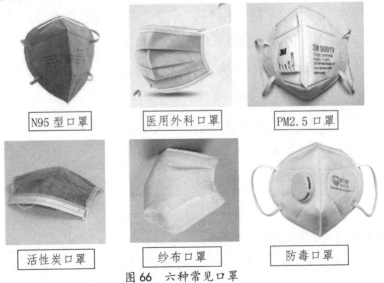

图 66　六种常见口罩

3. 材料准备

口罩制作材料（熔喷无纺布、耳绳、卫生胶布、鼻梁丝）和改良配件（硅胶鼻梁贴、护耳挂钩、宽耳绳、亲肤海绵、透明护目镜等材料）。

 **创客实践**

1. 任务聚焦

将任务分解成若干需要完成的小任务，再把小任务分解成一个个具体的步骤，合理安排，做一个周密的计划，参考下面的"任务分解表"来设计自己小组的任务分解表。

表 21　任务分解表 3

任务分解	制作步骤	注意事项
任务一：	第一步：	
	第二步：	
任务二：	第一步：	
	第二步：	
任务三：	第一步：	
	第二步：	

2. 设计方案

参考口罩的制作方法，结合自己对制作口罩的理解，将你想要制作的口罩设计出来，并画出设计图。

活动指引卡

画出简要的设计图或者写出具体制作步骤

图 67　口罩设计图

3. 尝试制作

根据自己初步设计方案，利用身边的材料，尝试自己制作想要的口罩。

4. 改进完善

分小组讨论在制作过程中存在的问题，应该对口罩如何进行改进。根据讨论的结果对初步设计的方案进行改进，并根据改进后的思路制作出较为完整的口罩。

讨论记录

问题一 ：________________

影响因素：________________

____

问题二 ：________________

影响因素：________________

____

问题三 ：________________

影响因素：________________

____

活动指引卡

可以从鼻梁丝安放位置、耳绳的长度、无纺熔喷布面积大小、做工工艺程度等方面分析

图 68　讨论分析

5. 智造创新

我们根据自己的思路制作出了完整的口罩，但还不是很完美，我们能不能从口罩的防护功能、舒适度、材质、美观度等方面去"增加""调整""替换""美工"？优化自己的作品，将"创新口罩学习单"补充完整。

创新口罩学习单

增加	我们在口罩里面增加 _____
	这样的好处有_____
调整	我们把口罩的耳绳_____
	成人口罩即可变成_____
替换	我们把鼻梁丝替换成 _____
	这样就能 _____
	我们把圆柱形耳绳替换成_____
	这样可以减轻_____
美工	用彩色笔在口罩外面_____
	口罩会变得_____

图 69　智能创新

成果分享

通过学习制作口罩的相关知识，自己动手制作口罩，相信你已经对口罩的生产程序有了一定了解，从中获得了不少的感悟。请把这些内容整理出来，形成口罩制作的试验报告，与同学们和老师一起分享！

反思评价

表 22　评价与反思 4

评价内容	自我评价（A、B、C、D）	组内点评（A、B、C、D）	教师评价（A、B、C、D）
创新设计			
信息处理能力			
物化能力			
创新创造能力			
合作意识			
任务完成度			
自我反思：			

拓展探究

在我们生活中，会遇到款式各异、功能不同的口罩，它们都是严格按照人体工程学制造出来的，我们可以多观察、多思考，通过查阅资料，了解更多的制作方法，设计出防护能力更强、更舒适的口罩，把它制作出来并在班级评比，优秀作品可以尝试申请专利。

项目三：大战病毒

细心观察

2020年新型冠状病毒肺炎疫情在全球蔓延，中国新型冠状肺炎疫情防控取得阶段性成效，人工智能在中国抗击疫情过程中发挥着重要作用。一场"新冠"疫情席卷中华大地，医护人员前赴后继奔赴现场，不论生死，不计报酬，这时我们才发现世界上最美的颜色，是这一抹白色……感谢逆风奔跑的医护人员，是他们用血肉之躯奋战在一线。那么身在大后方的我们，能不能利用我们所学的知识为疫情防控做点什么呢？

图70　疫情防控

活动卡片

本节课的主题——智能抗"疫"，"我"来助力，模拟医护人员工作环境，利用智能小车运送货物与处理废品，实现与患者零接触，减少医护人员感染风险。授课主要内容包括电机的控制、结构件的组装以及小车完成任务的先后逻辑关系。

图71　智能小车

活动预备

1. 组建团队

你准备如何实现智能小车收取废弃医疗物品的功能，与同学交换看法，找到志同道合的伙伴组成制作团队。

2. 知识储备

黑与白，两个截然相反的对立面，在弄清楚机器是如何辨别黑与白的问题之前，我们来看看人眼是如何实现的？

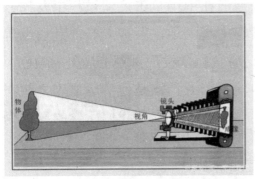

图 72　照相机成像图

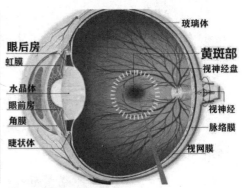

图 73　人眼结构图

照相机成像原理：凸透镜成像，当物距大于凸透镜 2 倍焦距时，在光屏上成倒立缩小的实像。

人眼成像原理：人的眼睛与照相机的成像原理是一样的：外界某一个物体它发出来的光，通过照相机的镜头在底片上形成了物体的倒像。

巡线原理：通过机器人巡线模块判断身位，然后由控制器控制机器人马达转动，进而调整身位，实现机器人的巡线功能。

根据这样的原理，机器人巡线模块的主要部件设定为光敏电阻和 LED 灯，结构如图 74 所示：其中 LED 作为光源，光敏电阻的作用相当于视网膜视锥细胞。（光敏电阻特性，电阻值随着光照条件的变化而变化，光照越强电阻越大，光照越弱电阻越小）。光敏电阻阻值的变化会导致电压的改变，电压值就会成为反应黑白物体的输入信号，具体数值见表 23。

图 74　巡线模块硬件图

表 23　不同光照下的电压值

状态 光敏电阻端	全黑	全白
左	0.840	0.415
左	0.862	0.417
左	0.876	0.420
左	0.870	0.418
右	0.846	0.402
右	0.841	0.417
右	0.90	0.460
右	0.851	0.421

根据上表，将区分全黑与全白两种光照条件的阈值确定为 0.6V，当 A/D 转换得到的数值大于 0.6V 时，认为是全黑，规定为 1；当小于或者等于 0.6V 时，认为是全白，规定为 0。

表 24　机器人巡线过程记录表

光传感器 1	光传感器 2	机器人身位	左马达	右马达	机器人动作
黑（1）	白（0）	偏右	反转	正转	左转
白（0）	黑（1）	偏左	正转	反转	右转

巡线原理：通过机器人巡线模块判断身位，然后由控制器控制机器人马达转动，进而调整身位，实现机器人的巡线功能。

3. 材料准备

机器人编程软件，模拟医院布局图，机器人硬件套装（包含控制器、光传感器等基础器件），常用工具。

 **创客实践**

1. 任务聚焦

智能机器人在抗疫过程中随处可见，比如京东自动送货机器人，医院消毒机器人、送餐送药机器人"平平"和"安安"等，2020 年 1 月 29 日，机器人"平平"和"安安"在广东省人民医院感染科病房启用。两部机器人集成无人驾驶技术，可自主识别读取地图、工作环境，建立信息库，自主规划路径，完成物资的点对点配送，主要承担送药、送餐、回收医疗垃圾等工作，可降低医患人员交叉感染的风险。那么，今天我们也来利用我们所学的知识和小车模拟"平平"机器人，它的功能是自动回收废弃医疗物品，并将其带回指定的地方。

任务分析：我们模拟的是病人把废弃医疗物品放在指定位置——病房 1 或病房 3，由小车自动收取并带回基地，那么我们再来看小车的动作，完成任务依靠编程 + 小车 + 机械臂，小车左右两边的机械臂就像人的左右手一样，可以上下左右移动，右边的机械臂可将废品框取出来带到指定地点。

图 75　模拟机器人"平平"的回收功能，并最终返回基地

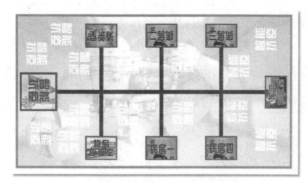

图 76　场地介绍——模拟医院布局图

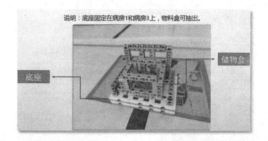

调试电机　　　　　　　　设置电机参数

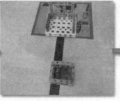

初始状态　　　　储物盒与底座　　完成状态:储物盒带回基地

图 77　场地上的装置——模拟医疗废弃物定点投放处

实现机械臂转动功能靠的是左右两边的电机，我们这个电机是直流驱动让电机左右转动，控制电机怎样转动，转动的角度和转动时间就是在编程中要设置的，那么在编程之前，我们需要确定的是机械臂的原始状态，电机通过连接线连接到控制器，我们可以在控制器中设置。

表 25　任务分解表 4

任务分解	制作步骤	注意事项
任务一：请自行调试本组的电机，观察机械手臂的运动状况，回答以下三个问题并记录在任务单上	第一步：确定左右电机连接到控制器中的端口，在控制面板中找到对应的电机序号	一定要找准电机连接到控制器的端口，方便后面调试
	第二步：调试电机，输入不同信号（正负值），观察电机和机械臂的转动情况	输入的信号值不宜过大，以免烧坏电机
	第三步：确定机械臂角度，在程序编写中利用时间控制	机械臂做任务时动作要慢，编写程序时间尽量长一些
任务二：为了减少医护人员被感染风险，我们设置了一个定点投放废弃医疗物的地方，只需病人把废弃物投放进指定的储物盒，智能机器人将自动收取并带回基地	第一步：学生观看演示视频，思考机器人巡线的具体过程	仔细观看，分析机器人动作
	第二步：小组探讨，观察机械臂完成任务的位置以及左右马达的转动情况，描述机器人行进动作	巡线时速度可快，做任务时速度尽量慢
	第三步：小组分享讨论结果	注意记录机械臂运行情况
	第四步：现场调试编程	做任务时需让机身端正，这样更易完成任务
	第四步：教师总结分析机器人巡线和完成任务的动作过程	寻找定位点（做任务与结构件），重改结构件与编程选择前者

2. 设计方案

能分析并模拟机器人完成任务的过程，掌握电机的工作原理，理清任务的逻辑关系，熟练使用编程软件，写出合理的程序语言。计算用于制作机械手臂的材料的尺寸，测量距离及角度。组装并合理改造机器人。

活动指引卡

观察模拟医院布局图，设计合理的程序语言

图 78　合理的程序语言

3. 尝试制作

小组分工要求：

1. 组长：负责统筹工作，协助小组成员完成任务；

2. 编程：负责程序的编写工作；

3. 调试：负责协助编程工作，将小车放在场地上运行；

4. 记录人员：负责观察小车运行情况，记录小车的失误点并反馈给编程同学，将小车每次调试情况记录在任务单上；

5. 汇报：负责最后的现场展示工作，包括：小车的行径、动作的讲解等。

根据设计方法和步骤，尝试自己编写好程序语言，实现巡线功能。

1. 掌握电机的使用方法与规律；

电机	连接端口	数值（正/负）	结果
左电机	C/2	正	右
		负	左
右电机	D/3	正	上
		负	下

图 79　左右电机

2. 利用电机与配套结构件实现小车获取废
弃医疗物品的功能；

3. 理清小车完成任务时动作的先后逻辑
关系。

图 80　理清逻辑关系

4. 改进完善

分小组讨论在制作过程中存在的问题，应该如何进行改进。根
据讨论的结果对初步设计的方案进行优化，并根据此编写出更容易
实现任务的程序语言。

活动指引卡

　　做任务
时需让机身
端正，这样
更易完成任
务；巡线时
速度可快，
做任务时速
度尽量慢；
寻找定位点

讨论记录

问题一：＿＿＿＿＿＿＿＿＿＿＿

影响因素：＿＿＿＿＿＿＿＿＿＿

＿＿＿＿＿＿＿＿＿＿＿＿＿＿＿

问题二：＿＿＿＿＿＿＿＿＿＿＿

影响因素：＿＿＿＿＿＿＿＿＿＿

＿＿＿＿＿＿＿＿＿＿＿＿＿＿＿

问题三：＿＿＿＿＿＿＿＿＿＿＿

影响因素：＿＿＿＿＿＿＿＿＿＿

＿＿＿＿＿＿＿＿＿＿＿＿＿＿＿

图 81　问题分析

5. 制造创新

我们制作出了能够实现回收功能的小车，但我们发现模拟的"平平"并不是那么理想，离我们希望实现的智能机器人还差很远，并且美观度还不够，我们能不能从结构件的改装去"延伸""增加""调整""代替""改善"？

智能小车	
延伸	我把小车构件延伸＿＿＿＿＿＿＿＿＿＿ 这样车子就能＿＿＿＿＿＿＿＿＿＿＿
增加	我把小车构件增加＿＿＿＿＿＿＿＿＿＿ 这样车子就能＿＿＿＿＿＿＿＿＿＿＿
调整	我把小车构件调整＿＿＿＿＿＿＿＿＿＿ 这样车子就能＿＿＿＿＿＿＿＿＿＿＿
代替	我把小车构件代替＿＿＿＿＿＿＿＿＿＿ 这样车子就能＿＿＿＿＿＿＿＿＿＿＿
改善	我把小车构件改善＿＿＿＿＿＿＿＿＿＿ 这样车子就能＿＿＿＿＿＿＿＿＿＿＿

图 82 如何改装

成果分享

通过学习智能小车的相关知识，自己动手编程，相信你已经对编程有比较深刻的理解，从中获得了不少的感悟。请把这些内容整理出来，以 PPT、微视频、作品展示的形式呈现出来，与同学们和老师一起分享！

 **反思评价**

表 26　评价与反思 5

评价内容	自我评价 （A、B、C、D）	组内点评 （A、B、C、D）	教师评价 （A、B、C、D）
创新设计			
信息处理能力			
物化能力			
创新创造能力			
合作意识			
任务完成度			
自我反思：			

 拓展探究

　　智能小车作为现代的新发明，是以后的发展方向，可以按照预先设定的模式在一个环境里自动地运作，不需要人为管理，可应用于科学勘探等用途。智能小车具有自动寻迹、寻光、避障功能，学生通过学习后结合自身情况可以参加全国青少年机器人竞赛、中小学电脑制作活动等各类机器人竞赛，争取取得好名次！

第四单元　智能编程

　　智能时代已经来临，AI+物流、AI+医疗、AI+家居让我们的生活、学习、工作更加智能，本单元课程主要通过让学生体验制作智能调光台灯、欣赏设计智能音乐盒、了解并尝试 3D 打印，让学生感受智能生活带给人们的便利，同时培养学生科学思维能力，提高学生的科学素养，在制作过程中，提高学生解决问题的能力，培养学生的团队合作意识。

Science 科学
Technology 技术
Engineering 工程
Art 艺术
Mathematics 数学

项目一：智能调光台灯

细心观察

在日常生活中我们都会用到台灯，但是随着社会的发展台灯可调节的档却不能满足人类多元化的需求，如在舞台应用时我们就需要连续性的改变灯光亮度来烘托环境，本课程需要学生制作出一个智能调光台灯。台灯的制作围绕制作台灯框架与控制芯片两个核心部分展开，本课程将通过生活中的实例来学习程序编辑的相关知识，熟悉 Mixly 软件界面的使用并运用这些知识去制作台灯的控制系统，同时，在制作台灯的过程中增强学生解决问题和动手能力。

活动卡片

在既定的时间内，通过团队合作，在了解 Mixly 软件的基础上去制作台灯的控制系统。

图 83　智能调光台灯

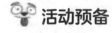

活动预备

1. 组建团队

你准备如何制作台灯的控制系统？通过小组讨论，合理进行分工安排，完成台灯的制作。

小组名称：

小组分工

组　长（1人）：　　职责：统筹小组人员工作与任务进度。

发言人（2人）：　　职责：代表小组总结成果并进行发言。

记录员（1人）：　　职责：记录小组制作过程中遇到的问题、

　　　　　　　　　　　　　解决方案及实验数据。

操作员（1人）：　　职责：负责台灯制作的主要操作。

检查员（1人）：　　职责：检查操作员操作过程中是否有错误。

2. 知识储备

（1）组装木制台灯外壳

（2）学习电子积木

图84　台灯外壳

滑动电阻：不同阻值对应不同的电压，当和灯泡串联的电阻值越大，流过灯泡的电流越小，越暗，甚至熄灭；电阻值越小，流过灯泡的电流越大，越亮。我们使用滑动变阻器改变阻值的大小，模拟我们生活中用到的台灯，滑动可调电阻的滑条由左到右，台灯的光由暗到亮，滑条滑动到最左边，台灯熄灭。接其中一组（VCC、GND、OTA/B）即可。

主板：滑动电阻的输出口OTA/OTB需要接Arduino的模拟输入口，可以将电阻值的信息模拟成电信号传递给主控板，主控板就像人的大脑，接收到信号后通过编程再输出信号给LED。A0～A5六个端口，为模拟输入口，数据范围0～1023。主控板上有6个模拟输出口即PWM口，模拟输出值范围是0～255。

连接方式：

滑动电阻：

GND -> 主板 GND

VCC -> 主板 5V

OTA/OTB -> 主板 A0

LED：

正极 -> 主板 10

负极 -> 主板 GND

（3）学习 Mixly 软件，掌握编程方法

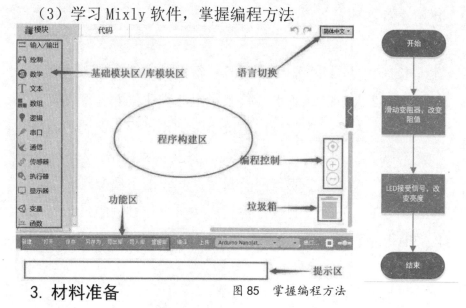

图 85　掌握编程方法

3. 材料准备

木制台灯外壳、排线、滑动电阻、主板、LED、电脑。

创客实践

1. 发散讨论

教师提问：同学们，你们的台灯可以调节光线强弱吗？你们是怎么控制台灯光的强弱的呢？想一想，台灯光线的强弱是因为什么发生变化了呢？是灯泡上变了？学生回答后，教师让学生想一想，是什么导致流过灯泡的电流发生变化了呢？如果把电流比作江流的话，是怎么控制电流的？在电路中，控制电流的"水坝"是什么呢？教师总结并提出自制一台台灯的建议，同时出示本课程的总任务：制作一台可连续性调节亮度的台灯。（通过发散讨论，学生意识到制作台灯需要解决的核心问题：如何制作台灯框架与如何编辑程序。）

2. 执行任务

在开始制作前教师提醒各小组合理分工，可给出分工的建议，如可分为组长（职责：统筹小组人员工作与任务进度），发言人（职责：代表小组总结成果并进行发言），记录员（职责：记录小组制

作过程中遇到的问题、解决方案及实验数据），操作员（职责：负责台灯制作的主要操作），检查员（职责：检查操作员操作过程中是否有错误）。

（1）认识制作调光台灯需要的电子积木，理解连续性调节台灯亮度的原理，并展示台灯的评价量规。

	1分	2分	3分
数据上传效果	1分：不会上传的小组	2分：上传失败的小组	3分：上传成功的小组
外观及工艺	制作工艺差，很不美观	制作工艺一般，美观度一般	制作精美，工艺精湛
团队分工合作	没有分工和合作	有简单的分工和合作	分工合理、协作顺畅
现场展示	对设计与制作的展示缺乏逻辑，表述混乱	能较为清晰地展示设计与制作，但部分有些混乱	能清晰地展示设计与制作，具有逻辑性

图86　台灯的评价量规

（2）线路连接思路：滑动变阻器与主控板连接，输入信号，接着主控板与LED灯串联，为输出信号做准备；接收到信号后通过编程再输出信号给LED灯。

问题指引：1. 滑动变阻器与主控板连接后，滑动变阻器却没有任何反应，如何感知信号已被输入？感知滑动变阻器滑动的不同位置代表了1024个不同阻值。

2. 当主控板与LED灯串联后，感知滑动变阻器，观察LED灯亮度，解释为什么不亮？

（3）聚焦编程问题

教师引导学生先聚焦编程问题，提供本实验中所需要的软件，然后让学生进行编程的相关内容。

各小组按照已完成的设计方案进行Mixly软件界面的数据设置，记录制作过程中遇到的问题。

问题指引：1. 根据同学们自己编制的程序台灯发亮，但是通过观察，发现不同组的结果不同且不能调节亮度，为什么？如何能连续性变化？（提示：映射原理）

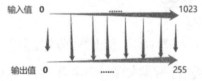

图87　连续性变化

2. 小明写的映射代码如下，你觉得对吗？

图 88　映射代码

提示：如果将其装饰一下会更好，有些组软件已经完成，但是硬件几乎已经散架。

 成果分享

教师给每个小组至少 2 分钟的时间展示台灯，并将台灯的制作过程中遇到的困难与大家分享。教师可设置一些奖项，如：最受欢迎奖（得票数最多的一组）、最佳合作奖（小组分工合作最好的一组）等。

 反思评价

表 27　反思评价得分

小组队名	安装速率（3 分）	团队分工合作（3 分）	现场展示（3 分）	总分

 拓展探究

教师再次组织学生回顾台灯制作的过程，让学生回顾这节课所学的科学知识同时告诉学生这些知识可以怎样应用在生活中的其他方面，并展示自制的红路灯、电子琴等。

细心观察

自2015年9月教育部第一次将创客教育写进我国教育五年规划起，教育界就掀起了探索创客教育、STEAM教育的浪潮。其中STEAM教育的跨学科知识融合打破了学科之间的疆域，在STEAM的教育理念下，结合当下非常流行的开源硬件Arduino，同学们可通过设计、组装、编程调试、优化等过程动手制作作品，将自己的想法变成现实。你准备好做时代的弄潮儿了吗？

活动卡片

> 本节课中通过 Mixly 编写程序来控制 Arduino 开源硬件实现小小作曲家的梦想，利用 3D One 为音乐盒穿上美丽的外衣。

活动预备

1. 组建团队

智能音乐盒的制作需要硬件工程师、软件工程师、小小作曲家等各方面的人才，同学们根据兴趣爱好和擅长领域自由组建团队。

2. 知识储备

（1）Arduino 硬件介绍

Arduino 是一款起源于意大利的开源硬件平台，自 2005 年开始一直受到广大电子爱好者的追捧。该平台由主控板和灵活多样的输入、输出模块组成，搭配软件开发环境进行程序设计，同学们很容易使用这套开源硬件设计出诸多实用的电子产品。

（2）Mixly 软件介绍

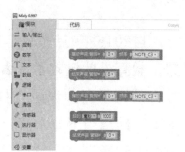

图 89　米思齐

Mixly（米思齐）是北京师范大学傅骞博士团队组织开发的一款国内自主研发，且免费开源的图形化编程工具。它是一款面向青少年给硬件编程的图形化工具，完美地支持 Arduino、MicroPython、Python 程序设计软件等，且图形化界面与代码界面一一对应，极大地方便了初学者和代码编程爱好者进行程序设计，Mixly 还支持自定义第三方扩展库，可拓展出极为丰富的功能。

（3）3D One 三维设计软件介绍

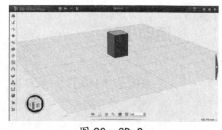

图 90　3D One

3D One 是一款致力于中学生思维能力的提高，实现创新素质教育发展的一款三维设计软件。

它使用非常简单，通过学习同学们能够快速建立自己喜爱的模型。

（4）基本乐理

音符

在简谱中，记录音的高低和长短的符号，叫作音符。而表示这些音的高低的符号，是用七个阿拉伯数字作为标记。

写法是：	1	2	3	4	5	6	7
唱名为：	do	re	mi	fa	so	la	si
音名为：	C	D	E	F	G	A	B

图 91　音符

音高（音的高低）与频率的对应关系：

音符	频率	音符	频率	音符	频率
低音1	262	中音1	523	高音1	1046
低音2	294	中音2	587	高音2	1175
低音3	330	中音3	659	高音3	1318
低音4	349	中音4	698	高音4	1397
低音5	392	中音5	784	高音5	1568
低音6	440	中音6	880	高音6	1760
低音7	494	中音7	998	高音7	1976

图 92　音高与频率

音的高低是由振动频率决定的。频率即单位时间内完成周期性变化的次数，声音的频率是指物体在一秒钟内振动的次数，频率越大，音高越高。反之，频率越小，音高越低。

名称	简谱	时值
全音符	6---	4 拍
二分音符	6-	2 拍
四分音符	6	1 拍
八分音符	$\underline{6}$	$\frac{1}{2}$拍
十六分音符	$\underline{\underline{6}}$	$\frac{1}{4}$拍
附点四分音符	6•	$1\frac{1}{2}$拍
附点八分音符	$\underline{6}$•	$\frac{2}{4}$拍

图 93　音符与对值

音值

音的时长。

节奏

音乐的节奏是指音乐运动中，音的长短和强弱。

节拍

节拍是音乐中的重拍和弱拍周期性地有规律地重复进行。

节奏节拍强弱关系对照

四一拍：**X ｜ X ‖**
　　　　　强　　强

四二拍：**X X ｜ X X‖**
　　　　　强弱　　强弱

四三拍：**X X X ｜ X X X‖**
　　　　　强弱弱　　强弱弱

四四拍：**X X X X｜ X X X X‖**
　　　　　强弱 次强 弱　强弱 次强 弱

八六拍：**X X X X X X｜ X X X X X X‖**
　　　　　强 弱弱 次强 弱弱　强弱 弱 次强 弱弱

图 94　节拍强弱

3. 材料准备

Arduino 套件　　3D 打印机　　　　耗材

图 95　各类材料

创客实践

1. 任务聚焦

将任务分解成若干需要完成的小任务，再把小任务分解成一个个具体的步骤，合理安排，做一个周密的计划，参考下面的"任务分解表"来设计自己小组的任务分解表。

表 28　任务分解表（模板 2）

任务分解	制作步骤	注意事项
任务一：Arduino 硬件搭建	第一步：器材准备（主板、面包线、蜂鸣器等）	面包线的插针容易断
	第二步：使用面包线连接主板及蜂鸣器	记下面包线连接主板的管脚号
任务二：Mixly 程序设计	第一步：启动 Mixly	需下载安装
	第二步：拖动左边模块库中的"声音"模块到右边并设置"管脚"和"频率"让蜂鸣器发声	管脚：前面"任务一"中记下的管脚号　频率：与音符相对应的频率值（参考前面的对应频率）
	第三步：使用"延时"模块和"结束声音"模块让声音保持一定的时间	结合"音值"进行设置
任务三：3D One 模型设计及打印	第一步：启动 3D One	下载网址：https://www.i3done.com/
	第二步：设计音乐盒模型	拖动左边的模块库设置参数
	第三步：使用 3D 打印机打印音乐盒并组装元器件	3D 打印前需要切片

2. 设计方案

大家运用所掌握的硬件、软件知识，结合基本乐理，设计出独特的、个性化的音乐盒，并画出设计图。

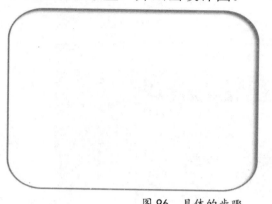

图 96　具体的步骤

活动指引卡

观察模拟医院布局图，设计合理的程序语言

3. 尝试制作

根据设计方案和步骤，尝试制作个性的音乐盒。

4. 改进完善

分小组讨论制作过程中存在的问题，如硬件的搭建、程序的优化、曲子的调整。根据讨论的结果对初步设计的方案进行改进，并根据改进后的思路制作出较为满意的音乐盒。

活动指引卡

可从硬件连接、程序优化、音乐创作的基本要素等方面进行不断的调整优化

讨论记录

问题一 :＿＿＿＿＿＿＿
影响因素:＿＿＿＿＿＿＿
＿＿＿＿＿＿＿＿＿＿＿

问题二 :＿＿＿＿＿＿＿
影响因素:＿＿＿＿＿＿＿
＿＿＿＿＿＿＿＿＿＿＿

问题三 :＿＿＿＿＿＿＿
影响因素:＿＿＿＿＿＿＿
＿＿＿＿＿＿＿＿＿＿＿

图 97　讨论并改进

5. 制造创新

同学们根据自己的思路制作出了独特的音乐盒，是否完美呢？能否从音乐盒的外观制作、曲子、硬件连接等方面去优化自己的作品？具体完善思路如下表所示。

创新音乐盒学习单	
硬件的连接和固定	
程序的优化	
曲子的调整	
外观的完善	

图 98　创新音乐盒学习单

 成果分享

通过学习音乐盒制作的相关知识、自己动手制作个性化的音乐盒，相信你已经对 Mixly 程序编写软件，Arduino 开源硬件以及 3D one 设计软件有了浓厚的学习兴趣，希望大家利用课余的时间对这些相关知识加以拓展，制作更多的作品，在某个特殊的日子里送给你的好朋友！

反思评价

表 29 评价与反思

评价内容	自我评价 (A、B、C、D)	组内点评 (A、B、C、D)	教师评价 (A、B、C、D)
创新精神			
问题意识			
自主学习能力			
创新创造能力			
合作意识			
任务完成度			
自我反思：			

拓展探究

21 世纪是高速发展的信息时代，人工智能成为国际竞争的新焦点，未来世界编程无处不在。同学们可以通过本节课的学习，深入探究 Arduino 开源硬件及其编程软件的相关知识，设计出好的作品参加全国中小学相关创意编程大赛，提升自己的综合实力！

项目三：3D 打印之私人定制

细心观察

　　1986 年，世界上诞生了第一台商业 3D 印刷机，从此开启了 3D 打印技术的研究与发展之路。随着第一辆打印汽车的问世，这项技术受到了诸多行业的关注，包括生物、医疗、交通、建筑、工业设计和航空航天等多个领域。人们先后利用 3D 打印技术打印出巧克力、人造肝脏组织、金属手枪、挖掘机、骨植入物等。如果将 3D 打印技术与日常生活相结合，能够为我们解决哪些问题呢？能够为自己或他人个性化定制出怎样的惊喜呢？

图 99　3D 打印技术

活动卡片

　　联系生活中的场景，利用 3D 打印技术为自己或他人定制名牌，宣示物品的身份，凸显自己的个性或增进与他人的感情。本课需要了解 3D 打印技术的原理，掌握 3D 打印技术的运用方法，包括创建名牌模型、切片操作和 3D 打印机的使用。

图 100　名牌模型

活动预备

1. 组建团队

你准备定制什么样的名牌？与同学交换看法，找到志同道合的伙伴组成制作团队。

2. 知识储备

名牌知识：名牌指的是表明名字等身份信息的牌子。用于区分相同的物品，比如相同尺码的校服，相同的鞋子，相同的书包柜或书包等。使用场景不同，名牌的样式也不同。名牌由三部分构成：底板、身份信息和装饰。

3D 打印技术原理：以软件创建的数字模型文件为基础，利用粉末状金属或塑料等可黏合材料在温度、光或其他条件作用下熔化、凝固的特性，通过一层层覆盖，从平台逐渐增高来构造物体。

3D 打印的流程：首先使用建模软件创建模型，将模型文件进行切片（转化为可打印文件），操作打印机打印物品。

技术知识：不同品牌的软件和打印机操作方法略微不同。具体方法请参考产品说明。

3. 材料准备

电脑、建模软件、切片软件、3D 打印机、打印耗材，剪钳、内六角螺丝刀等常用工具。

 创客实践

1. 任务聚焦

使用 3D 打印技术定制个性化名牌主要分为三个流程：建模、切片和打印。每个流程可作为一个任务，每个任务再从学习、实践等

方面来细化。可参考下面的任务分解表，做一个周密的计划，也可根据实际情况分解建模和打印的操作方法。

表 30　任务分解表 5

任务分解	制作步骤	注意事项
任务一：使用建模软件为自己或他人创建名牌模型	第一步：学习创建名牌模型的步骤与方法	1. 底板要与操作面接触，文本信息和装饰要与底板接触，不能悬空
	第二步：打开建模软件，制作底板，添加身份信息和装饰	2. 及时调整颜色、大小和位置
	第三步：保存模型	3. 保存前再次检查模型
任务二：使用相应切片软件将模型切片	第一步：下载模型文件，保存到电脑	
	第二步：学习切片操作	1. 切片时，转动模型进行全方位的检查，整体调整比例 2. 如有部分悬空，需要加支撑来解决
	第三步：打开切片软件，将模型文件进行切片	
	第四步：保存切片文件	
任务三：操作 3D 打印机，打印名牌	第一步：学习操作手册，初始化设置打印机	设置条件要根据材料的特性进行
	第二步：传输切片文件到打印机	
	第三步：打印名牌	打印过程中，喷头和平台的温度较高，不可用身体触碰

2. 设计方案

思考这三个问题：（1）为谁设计一个名牌，他（或她）有哪些特征，喜欢什么颜色或物品？（2）设计一个什么形状的底板？什么尺寸的名牌？（3）设计的名牌将被使用者用于何处？怎样让名牌的使用更方便？针对提出的问题进行思考，提出设计方案。

图 101 展示设计想法

3. 尝试制作

根据设计方案，学习创建模型的过程、切片的方法和打印机操作。试试看能否成功打印出符合心意的名牌。

4. 改进完善

分小组讨论制作过程中存在的问题以及改进的方法。根据讨论的结果对初步的设计方案和操作方法进行优化。

活动指引卡

可以从如何成功打印出模型，模型的尺寸、样式是否与使用场景相符等方面去分析

讨论记录

问题一 ：_____

影响因素：_____

问题二 ：_____

影响因素：_____

问题三 ：_____

影响因素：_____

图 102 全面分析

5. 制造创新

我们利用 3D 打印技术打印出了名牌，但名牌的个性化和实用性设计还有待完善。我们可以从样式、尺寸和位置以及形状等方面去思考分析，尝试通过"增加""调整""移动""代替"来让名牌具有个性化魅力，更贴近日常生活。

个性化定制名牌	
增加	我把底板增加_____ 这样名牌就能_____
调整	我把尺寸调整_____ 这样名牌就能_____
移动	我把位置移动_____ 这样名牌就能_____
代替	我把形状代替_____ 这样名牌就能_____

图 103　个性化魅力

 **成果分享**

通过学习 3D 打印技术的相关知识，自己动手建模打印，同学们已经能定制出个性化的名牌。相信你们已经初步掌握了 3D 打印技术，对 3D 打印的原理有了比较深入的了解，从中也获得了不少的感悟。请把这些内容整理出来，以创客手记、PPT、微视频、作品展示的形式呈现出来，与同学们和老师一起分享！

反思评价

表 31　评价与反思 7

评价内容	自我评价 (A、B、C、D)	组内点评 (A、B、C、D)	教师评价 (A、B、C、D)
创新精神			
问题意识			
自主学习能力			
创新创造能力			
合作意识			
任务完成度			
自我反思：			

拓展探究

3D 打印技术作为一种新型技术受到越来越多的关注。将 3D 打印与各领域结合，可以解决许多行业的难题。以日常生活为例，我们可以根据自己感兴趣的项目，通过查阅资料，了解不同打印耗材的特点，学习制作的方法，通过 3D 打印技术定制出具有独特魅力的生活用品、办公用品和学习用具并参加各类 3D 创意比赛。

第五单元　放飞梦想

　　本单元课程主要通过让学生体验制作梦想飞行器、组装调试无人机、观察并操作光影艺术，由此解放学生的思想，培养学生的兴趣，让学生对自己感兴趣的事情进行大胆的畅想、探究与尝试，在现有的技术上进行创新，乘着新时代的东风放飞青春梦想。

项目一：放飞梦想

**情景呈现**

自古以来，人们梦想能够像鸟儿一样在蓝天上飞翔。人们通过不断地向大自然学习，不断地努力探索和实践，在一百多年前，发明了飞机。这些知识对于孩子们来说是多么神秘，那么飞机到底是怎样飞行的呢？

1893 年被誉为滑翔机之父的奥托·李林塔尔首次试飞，然而在短短三年后，1896 年他就因为一次飞行意外丢了性命。

图104 奥托·李林塔尔首次试飞

1900 年，弗朗西斯·波多特发明了他的自行车飞行器。

图105 自行车飞行器

活动卡片

利用吸管和纸，我们也来制作梦想飞行器，并试着探究如何制作有创意、飞行效果较好的梦想飞行器。

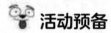 活动预备

1. 组建团队

你准备如何制作梦想飞行器，与同学交换看法，找到志同道合的伙伴组成制作团队。

2. 知识储备

美国的莱特兄弟威尔伯·莱特和奥维尔·莱特出生于平民家庭，主要从事自行车修理和制造行业。1896 年，他们开始热衷于对飞行技术的研究，经过多次实验之后他们得出一个重要的结论：要解决飞机操纵这个悬而未决的问题必须安装上一种能使空气动力学发挥作用的机械装置。人们当时并不相信飞机能依靠自身动力飞行，莱特兄弟执着地认为他们得出的结论是正确的，在 1900 年到 1902 年间进行了 1000 多次的滑翔试飞，他们的梦想终于变成现实。1903 年，他们制造出了第一架依靠自身动力飞行的飞机（"飞行者一号"）并试飞成功。

图 106　飞行者一号

1903 年 12 月 17 日是人类飞行史上有深远意义的一天，这天莱特兄弟进行了三次试飞，第一次飞行时长 12 秒，最长飞行时长 59 秒，行程大概 260 米。这三次飞行是人类飞行史上重大的突破：人类历史上第一次有动力、载人、持续、稳定、可操纵的空气飞行器成功飞行。这次飞行为人类征服天空揭开了新的一页，也标志着飞机时代的来临。

3. 材料准备

吸管、纸条、双面胶、剪刀等。

创客实践

1. 任务聚焦

将任务分解成若干需要完成的小任务，再把小任务分解成一个个具体的步骤，合理安排，做一个周密的计划，参考下面的"任务分解表"来设计自己小组的任务分解表。

表 32 任务分解表 6

任务分解	制作步骤	注意事项
任务一：	第一步：	
	第二步：	
任务二：	第一步：	
	第二步：	
任务三：	第一步：	
	第二步：	

2. 设计方案

利用吸管、纸条、双面胶等，结合自己的理解，设计制作吸管飞行器。

图 107 简单过程及步骤

3. 尝试制作

根据设计方案和步骤，小组合作尝试制作梦想飞行器。

4. 改进完善

分小组讨论制作过程中存在的问题，应该如何进行改进。根据讨论的结果对初步设计的方案进行优化，并制作出飞行效果较好的梦想飞行器。

活动指引卡

可以从吸管飞行器的长短、两个圆圈的大小等方面分析

讨论记录

问题一：＿＿＿＿＿＿＿＿＿＿＿

影响因素：＿＿＿＿＿＿＿＿＿＿

优化改进方法：＿＿＿＿＿＿＿＿

＿＿＿＿＿＿＿＿＿＿＿＿＿＿＿＿

问题二：＿＿＿＿＿＿＿＿＿＿＿

影响因素：＿＿＿＿＿＿＿＿＿＿

优化改进方法：＿＿＿＿＿＿＿＿

＿＿＿＿＿＿＿＿＿＿＿＿＿＿＿＿

问题三：＿＿＿＿＿＿＿＿＿＿＿

影响因素：＿＿＿＿＿＿＿＿＿＿

优化改进方法：＿＿＿＿＿＿＿＿

＿＿＿＿＿＿＿＿＿＿＿＿＿＿＿＿

图 108 优化改进

5. 制造创新

我们制作出了梦想飞行器，但是还不够完美，我们能不能从改变吸管的数量、两个圆环的大小、飞行器的形状等方面去"调整""改善""美化"呢？

梦想飞行器	
调整	我把吸管调整成＿＿＿＿＿＿＿＿＿＿＿＿ 我把圆环调整成＿＿＿＿＿＿＿＿＿＿＿＿
改善	我把吸管改善成＿＿＿＿＿＿＿＿＿＿＿＿ 我把圆环改善成 ＿＿＿＿＿＿＿＿＿＿＿
美化	我用＿＿＿＿＿＿＿美化 ＿＿＿＿＿＿＿ 我用＿＿＿＿＿＿＿美化 ＿＿＿＿＿＿＿

图 109 不断完善

 成果分享

通过学习飞行器的相关知识，自己动手制作、放飞梦想飞行器，相信你已经对梦想飞行器有了比较深刻的认识，从中获得了不少的感悟。请把这些内容整理出来，以创客手记、PPT、微视频、作品展示的形式呈现出来，与同学和老师一起分享！

 **反思评价**

表 33　评价与反思 8

评价内容	自我评价 （A、B、C、D）	组内点评 （A、B、C、D）	教师评价 （A、B、C、D）
创新精神			
问题意识			
自主学习能力			
创新创造能力			
合作意识			
任务完成度			
自我反思：			

拓展探究

伯努利原理是航空动力学中的基本原理之一，它的描述是这样的，假定不可压缩流体，流体速度增加的同时，流体的压力或者流体的势能降低。这个原理是以瑞士数学家 Daniel Bernoulli 先生的名字命名的，在 1738 年，他出版了 *Hydrodynamica*《流体动力学》一书。

放飞梦想吸管飞行器的原理是什么呢？两个圆环大小不同，空气通过前面小圆环的速度较快，而通过后面大圆环的速度较慢，形成压强差，因此产生升力。大家可以根据这个原理，设计制作既有创意，飞行效果又好的梦想飞行器。

你还可以利用什么材料来制作飞行器呢？

项目二：神奇的无人机

 **知识准备**

在旅游景区、影视拍摄基地或是重大新闻现场，我们经常能看到无人机在空中忙碌地穿梭。那么到底什么是无人机呢？

我们熟悉的无人机，通常指的是携带载荷飞行的无人机机身，而完全意义上的无人机，指的是由无人机平台、任务载荷、起降系统、测控与信息传输系统、操作手柄等组成的"无人机系统"。同学们玩过无人机吗？同学们知道无人机的组成构造和用途吗？今天让我们一起来了解神奇的无人机。

图 110　无人驾驶飞机

 活动卡片

本节课，需要我们去了解无人机的概念、分类、应用领域和多旋翼无人机的组成。学生通过学习无人机的相关理论知识，动手完成多旋翼无人机的组装调试。

图 111 多旋翼无人机的配件组成

 活动预备

1. 组建团队

将全班分为 4 个学习小组,教师分发每组学生无人机配件 1 份,学习资料 1 份。

2. 知识储备

(1)无人机概念

(2)无人机常见分类

固定翼无人飞机、无人多旋翼飞行器、无人直升机、FPV 穿越机、无人飞艇、无人伞翼机等。

无人驾驶飞机简称"无人机",英文缩写为"UAV",是利用无线电遥控设备和自备的程序控制装置操纵的不载人飞机,或者由车载计算机完全地或间歇地自主地操作。

(3)国产无人机

大疆创新,深圳市大疆创新科技有限公司旗下的无人机品牌,创立于 2006 年,创始人汪滔。目前旗下主要有入门型、进阶型、专业级、行业应用等各种门类的无人机。另外,近几年还推出了"灵眸"系列手持云台相机。

（4）无人机的应用领域

航拍、FPV 穿越、物流、侦查救援、军警使用、无人机教育。

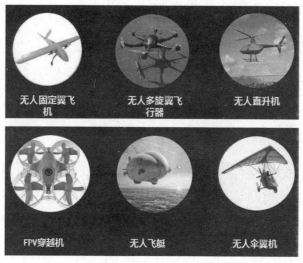

图 112　常见无人机的分类

（5）四旋翼无人机的组成

电机、电池、云台相机、遥控器、充电器、螺旋桨。

图 113　四旋翼无人机的配件组成

3. 材料准备

无人机套件 6 套、学习资料、手机等。

创客实践

1. 任务聚焦

本任务的具体要求是：了解无人机的分类、无人机的应用领域、国产无人机大疆和四旋翼无人机的组成。掌握无人机的组装调试及简单飞行知识。通过学习实践培养学生的观察思考能力、创新意识和实践动手操作能力。

表 34 任务分解表 7

任务分解	制作步骤	注意事项
任务一：了解无人机基础理论知识	第一步：学习无人机的基础理论知识	预习学习资料，认真听讲
	第二步：完成无人机基础理论知识测试	团队协作，掌握基础理论知识
任务二：掌握无人机的组装调试方法	第一步：观看无人机组装调试视频	认真观看，记录步骤
	第二步：合作完成无人机的组装调试	分工合作，规范安全操作
	第三步：最后检查无人机的组装调试情况	认真检查
任务三：掌握无人机简单飞行知识	第一步：学习掌握飞行安全知识	了解《民用机场管理条例》民用机场净空保护区域规定，学习安全飞行知识
	第二步：下载飞行 APP，完成参数设置	手机 APP 连接遥控器，手机不要卡顿
	第三步：无人机试飞	在安全区域，注意飞行安全

2. 知识学习

通过理论基础知识学习，完成《神奇的无人机》测试题，完成任务一。

1. 轻型无人机，是指空机质量（　　　）。

A. 小于 7kg　　　B. 大于 7kg，小于 116kg

C. 大于 116kg，小于 5700kg

2. 近程无人机活动半径在（　　　）。

A. 小于 15km　　　B. 15～50km　　　C. 200～800km

3. 任务高度一般在 0～100m 之间的无人机为（　　　）。

A. 超低空无人机　B. 低空无人机　　C. 中空无人机

4. 不属于无人机机型的是（　　　）。

A. 阿尔法狗　　　B. 大疆精灵　　　　C. 侦察兵

5. 无人机搭载任务设备重量主要受（　　）限制。

A. 飞机自重　　　B. 飞机载重能力　C. 飞机最大起飞能力

3. 练习实践

根据无人机组装调试视频和学习资料，分组合作完成无人机组装调试（步骤1：打开盒子、取出无人机配件。步骤2：安装无人机旋翼。步骤3：安装无人机电池，开机。步骤4：手机下载 DJI GO APP，连接手机和遥控器。步骤5：打开遥控器和无人机，设置参数。步骤6：安全检查，准备起飞）。并上台展示成品，完成任务二、三。

4. 改进完善

分小组讨论无人机组装调试过程中存在的问题，应该如何进行改进。根据讨论的结果对过程进行优化，并根据此方案，较为规范地完成组装调试任务。

讨论记录

活动指引卡
可以从无人机组装调试步骤等方面分析

问题一 ：_____

影响因素：_____

_____

问题二 ：_____

影响因素：_____

_____

问题三 ：_____

影响因素：_____

_____

图 114　优化过程

5. 创新思考

我们组装调试好的无人机，除了用于航拍摄影，还能在无人机上面加载一些什么设备，实现更多功能呢？请同学们通过网络查阅资料，对无人机进行创新设计。

 成果分享

通过学习无人机的相关知识，自己动手组装调试，相信你们已经对无人机有比较深刻的了解，从中获得了不少的感悟。请把这些内容整理出来，以创客手记、PPT、微视频、作品展示的形式呈现出来，老师会将你们的成果通过微信、抖音等互联网平台进行展示，让同学们和老师们为你们点赞！

 **反思评价**

表 35 评价与反思 9

评价内容	自我评价 （A、B、C、D）	组内点评 （A、B、C、D）	教师评价 （A、B、C、D）
创新精神			
问题意识			
自主学习能力			
创新创造能力			
合作意识			
任务完成度			
自我反思：			

拓展探究

　　无人机具有成本低、零伤亡、生存能力强、机动性能好、使用方便等优点，可以代替传统的有人驾驶飞机执行"3D"任务——即"Dull"（枯燥）"Dirt"（脏）"Dangerous"（危险）的任务。无人机用途广泛，被业界宠爱有加。军事上，可用于侦察监视，对地攻击，通信中继、靶标模拟等，是得力的"好伙伴"；民用上，可用于科学研究、气象观测、货物配送、航拍摄影、娱乐体验等，是"百变小能手"。同学们通过收集资料和实践，在现有无人机的技术上进行创新，用科技造福人类，最后形成总结报告，在学校科技艺术节中进行评比。

项目三：光影艺术

知识背景

　　光是什么？在 17—18 世纪，很多科学家因为这一问题引发了长期的争论。有些人认为光是一种粒子，从光源发出，向外沿直线轨迹飞射；有些人认为光是一种波，通过某些特殊的介质向外传递能量。双方科学家为了证明自己的观点是正确的，都设计了大量的实验。现在，我们知道光既具有粒子性也具有波动性，而当初科学家们所设计的各类实验，也成为现代大量科技产品所使用的基本技术。

图 115　2019 年 RCJ 机器人世界杯所展示的偏振光图像

活动卡片

　　在本节课中，我们会对光的波动性进行研究，利用其特殊的性质，配合光学器材和生活中常见的材料，制作作品。在这一过程中，我们也能够理解各种现代视觉技术的运作原理。

活动预备

1. 组建团队

请同学们按照分组就座，并根据个人兴趣和能力，选出团队中的技术专家、艺术设计师、演讲大师。

2. 知识储备

光的性质

光的本质是一种处于特定频段的光子流。它既具有波动性也具有粒子性，光在表现波动性时是一种电磁波。

波在传播过程中具有一定的波动方向，如果有某种特定的材料限制了波的波动方向，那么经过这个材料的波就只会剩下一个特定的方向了。

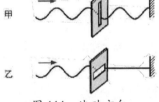

图 116　波动方向

偏振片就是一种可以使天然光变成偏振光的特殊光学器材，经过偏振片的光会变为与偏振片偏振方向相同的偏振光。

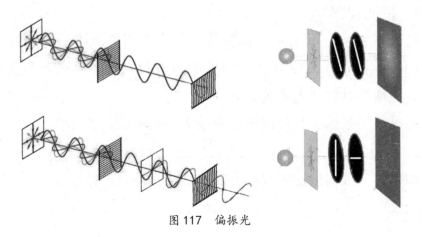

图 117　偏振光

什么是旋光

有些材料具有可以让偏振光旋转的功能。经过旋光后，偏振光的偏振方向会发生改变。

旋光材料的种类很多，但有一种材料是我们生活中经常见到的，那便是透明胶。透明胶是由透明塑料和黏接材料共同组成的，它们都有着大分子结构，具有旋光特性，但由于透明胶并不是专业的光学器材，因此其旋光的方向和效果并不完美。

图 118　透明胶的旋光特性

我们要做什么

我们要学习光的偏振和旋光特性，并利用偏振片和旋光材料进行探究实验，制作利用光的偏振原理产生的特殊艺术作品。

 创客实践

1. 特征观察

打开材料包，取出两张偏振片，验证它们的光学效果，并在它们表面粘贴标记，方便辨认它们的偏振方向。同时测试当两张偏振片呈其他角度时的透光效果。其中：

如果第二张偏振片的偏振方向与第一张相同，则光会：

_____

如果第二张偏振片的偏振方向与第一张垂直，则光会：

_____

如果第二张偏振片的偏振方向与第一张的方向从相同逐渐变为垂直，则光会：

_____

2. 特效探究

将两个偏振片旋转到垂直状态，并给两个偏振片中间贴上透明胶。进行观察可以发现，光在通过第二张垂直的偏振片时，没有贴透明胶的位置会_____；贴了旋光材料的位置则会_____

_____。

3. 一起行动

材料包中有两张偏振片、一把剪刀、一卷透明胶。

利用前面所学的偏振的旋光原理，尝试设计属于自己的光学艺术作品。把你们要进行粘贴的内容画在下面。

4. 拓展探索

能否找到一种粘贴透明胶和进行展示的手段，使得两个偏振片在相互遮挡时，可以产生以下三种效果：

1. 只显示某一组粘贴的内容，另一组不显示；

2. 两组粘贴的内容同时显示；

3. 所有粘贴的内容都不显示。

讨论记录

活动指引卡
所粘贴的内容是否能被显示，关键在于它位于整个光学结构的哪一侧

图 119　拓展关键

成果分享

请团队成员向同学们展示自己的作品，并分享自己的设计思路和技术实现方法。在进行创作的过程中，你们又发现了什么其他特殊现象？你们有没有利用这些现象做出相应的设计？

反思评价

表 36　评价与反思 10

评价内容	自我评价 （A、B、C、D）	组内点评 （A、B、C、D）	教师评价 （A、B、C、D）
创新精神			
问题意识			
自主学习能力			
创新创造能力			
合作意识			
任务完成度			
自我反思：			

拓展探究

　　液晶是一种特殊的旋光材料，会根据所施加电压的大小和方向改变旋光的角度。在偏振片上加入特别染色的取向膜，就可以利用这一原理来制作液晶屏幕。请根据下面的图示，探讨液晶屏幕是怎么实现每个点的亮度和颜色的控制的？

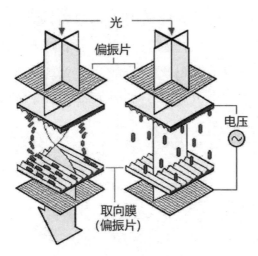

图 120　亮度和颜色的控制示意图

第六单元　万能机器人

智能机器人几乎是伴随着人工智能所产生的。而智能机器人在当今社会变得越来越重要，越来越多的领域和岗位都需要智能机器人参与，这使得智能机器人的研究也越来越频繁。我们相信，在不久的将来，随着人工智能技术的不断发展和成熟，随着众多机器人爱好者和科研人员的不懈努力，万能的机器人必将走进千家万户，走进人们的日常生活，更好地为人类服务，让人们的生活和工作变得更加舒适、便利和健康。

项目一：万能的机器人

知识准备

机器人是一种具有一定智能的机器，目前它已广泛应用于我们人类的生产与生活当中，到了未来它的应用将会更加广泛，那么到底什么是机器人呢？

机器人英文名称 Robot，是一种能够半自主或全自主工作的智能机器，它具有感知、决策、执行等基本特征，可以辅助甚至替代人类完成危险、繁重、复杂的工作，提高工作效率与质量，服务人类生活，扩大或延伸人的活动及能力范围。同学们接触过机器人吗？同学们知道机器人的组成构造和用途吗？今天让我们一起来了解万能的机器人。

活动卡片

本节课，我们将了解机器人的概念、组成及应用领域。通过学习机器人相关的理论知识，动手完成机器人的组装，并编程实现机器人与外界环境的互动。

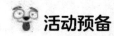 **活动预备**

1. 组建团队

将全班同学分为 7 个学习小组，每组学生分发机器人套装 1 份，包括机器人主机、传感器、马达、电源及其他配件。

2. 知识储备

（1）机器人概念

机器人是一种能够半自主或全自主工作的智能机器。它具有感知、决策、执行等基本特征，可以辅助甚至替代人类完成危险、繁重、复杂的工作，提高工作效率与质量，服务人类生活，扩大或延伸人的活动及能力范围。

（2）机器人主机

机器人主机相当于机器人的大脑，它能对机器人的行为进行控制，是机器人进行信息处理、判断决策的核心部件。我们编写好程序之后，将会下载到机器人的主机进行执行。

（3）传感器

传感器相当于机器人的感觉器官，它与机器人主机的输入端口相连，通过它机器人能感知外界环境。传感器的种类很多，按功能分，有能感知外界光线强弱的光线传感器，有能感知外界温度的温度传感器，有能感知是否有物体触碰的触碰传感器等等。

（4）马达

马达相当于机器人的肌肉，它与机器人主机的输出端口相连，可通过马达的转动带动机器人的机械结构运转，完成相应任务的执行。

（5）机器人的应用领域

机器人作为一种智能机器，广泛应用于人类生产与生活中的各个领域，按应用领域分类，可将其分为工业机器人、农业机器人、医疗机器人、军用机器人、服务机器人、科研机器人，等等。

3. 材料准备

机器人套装 7 套、机器人组装图纸、电脑、程序下载数据线。

创客实践

1. 任务聚焦

通过本节课，我们需要了解机器人的基本概念、组成及应用领域。动手完成机器人的组装、编程调试，并理解机器人的基本工作原理。通过学习实践激发学生对机器人技术的探索兴趣，培养学生的动手能力、逻辑思维能力、创新精神。

表 37　任务分解表 8

任务分解	制作步骤	注意事项
任务一：了解机器人基础理论知识	第一步：掌握机器人的概念及应用领域	记录笔记，相互讨论
	第二步：理解机器人的组成	
	第三步：结合网络自主学习，完成机器人基础理论知识测试	
任务二：完成机器人的组装	第一步：掌握机器人的主机构成	区分输入、输出端口
	第二步：认识传感器	区分各类传感器
	第三步：按图纸完成机器人的组装	
任务三：编程控制机器人	第一步：学习机器人编程软件	做好笔记
	第二步：编写利用传感器控制机器人马达程序	注意端口编号
	第三步：程序调试	

2. 基础知识学习

通过基础知识学习并结合网络自主学习，完成《万能的机器人》测试题。

1. 下列不属于机器人核心部件的是（　　）

A. 主机　　　B. 马达　　　C. 程序数据下载线　　D. 传感器

2. 下列不应连接机器人主机输出端口的是（　　　）

A. 马达　　　　B. 传感器　　　C. 液压装置　　　D. 探照灯

3. 下列属于机器人应用领域的是（多选）（　　　）

A. 农业领域　　B. 医疗领域　　C. 航天领域　　　D. 工业领域

4. 下列做法一定违反机器人三大定律的是（　　　）

A. 机器人不得目睹人类个体将遭受危险而袖手不管

B. 机器人要尽可能保护自己的生存

C. 机器人必须服从人给予它的命令

D. 机器人在迫不得已时，可伤害人类

5. 机器人这一概念由谁提出（　　　）

A. 阿西莫夫　　　　　　　B. 卡雷尔·凯佩克

C. 艾伦·麦席森·图灵　　D. 冯·诺依曼

6. 机器人判断方向应使用以下哪种传感器（　　　）

A. 光线传感器　　　　　　B. 摄像头

C. 指南针传感器　　　　　D. 超声波传感器

3. 进阶实践

掌握机器人的主机构成，以及各类传感器的功能，根据机器人的组装图纸完成机器人的组装；学习机器人编程软件，选择一种传感器，编写利用传感器控制机器人马达的程序，调试程序；上台展示机器人，并展开讨论。

4. 拓展探索

机器人在自主行进过程中，往往会遇到前方障碍物，分小组讨论如何利用传感器有效实现机器人避障。

活动指引卡

分析各种传感器的功能，根据传感器的不同，选择不同的避障方案

选用何种传感器能有效发现前方障碍物 _____

_____

_____

如何控制机器人实现避开前方障碍

_____

_____

图 121 机器人避障

5. 创新思考

神秘而遥远的火星充满着魅力，目前人类已经可以派遣机器人去帮助我们探索这颗红色的星球。火星探索机器人应该携带哪些传感器呢，我们应该怎样设计火星探索机器人呢？请同学们通过网络查阅资料，对火星探索机器人进行创新设计。

 成果分享

通过学习机器人的相关知识，自己动手组装调试，相信你们已经对机器人的工作原理有比较深刻的了解，从中获得了不少的感悟。请把这些内容整理出来，以创客手记、PPT、微视频、作品展示的形式呈现出来，老师会将你们的成果通过微信、抖音等互联网新媒体进行展示，让同学们和老师们为你们点赞！

 **反思评价**

表 38 评价与反思 11

评价内容	自我评价 （A、B、C、D）	组内点评 （A、B、C、D）	教师评价 （A、B、C、D）
创新精神			
问题意识			
自主学习能力			
创新创造能力			
合作意识			
任务完成度			
自我反思：			

 **拓展探究**

人工智能，英文缩写为 AI。它是研究、开发用于模拟、延伸和扩展人的智能的理论、方法、技术及应用系统的一门新的技术科学，该领域的研究包括机器人、语言识别、图像识别、自然语言处理等。人工智能将赋予机器难以想象的智能，它能让机器真正做到像人一样思考，甚至在某一天超越人类的思考能力。目前人工智能的发展越来越受到各个国家的重视，但也有一部分科学家对人工智能的发展抱有疑虑，同学们以小组为单位，通过收集资料、网络学习及相互讨论，自主探究人工智能发展的利弊，最后形成总结报告，在学校科技节中进行评比。

项目二：穿越迷宫的机器人

知识背景

　　近几年，无人驾驶技术得到了快速的发展，我国计划在未来 10 年内部署 3000 万辆无人驾驶汽车，这都有赖于各种传感器的应用以及无人驾驶算法的不断成熟。一般而言，无人驾驶汽车会搭载摄像头和激光雷达来检测周围道路的情况，并通过算法让汽车躲避障碍等动作来实现无人驾驶。从某种角度来看，机器人穿越布满障碍的迷宫和汽车无人驾驶有相似之处。

活动卡片

> 在本节课中，我们将利用 IRobotQ3D 仿真软件，学习机器人的搭建、编程和距离传感器的知识。通过小组合作的方式探究出"左手法则"在机器人穿越迷宫中的重要作用。

活动预备

1. 组建团队

　　请同学们按照分组就座，并根据自主学习平台提前学习"左手法则"的原理和距离传感器的使用方法。

2. 知识储备

机器人的搭建

　　在 IRobotQ3D 中，我们可以使用控制器、电机、轮胎和安装块来搭建一个机器人。这里需要注意的是安装块是通过安装点来连接固定的，电机需要编号方便后面编程，并且右边两个电机要反转使得所有电机默认向前旋转。

机器人的编程

本次利用模块化的编程方式极大的方便初学者的使用，我们将学到循环语句、判断语句、比较语句等。

距离传感器

距离传感器的原理是获取传感器与障碍物的距离，并返回距离值。

迷宫左手法则

1635 年，几位寻找宝藏的冒险家和地质学家迷失在了北欧群山中的大片地下溶洞中，在灯油火把用尽的情况下，最终只有负责牵牲口的 15 岁少年走了出来，活着抵达了村庄。在洞穴中这个左撇子少年一直用手扶着石壁，遇到转弯处自然是下意识向左走，于是在黑暗的尽头终于见到了漫天的星斗。

其实，对于一般的迷宫而言，只要一直坚持向同一个方向走就能走出来，无论是朝着左手的方向还是右手的方向都是一样的，只不过因为这个故事就将这种方法标志性的描述为"左手法则"。

3. 我们要做什么

我们要在 IRobotQ3D 仿真软件中学习机器人的搭建和编程，并且在"左手法则"的指导下利用距离传感器或者其他方法让机器人走出布满障碍的迷宫。

创客实践

1. 活动探究

点击电脑桌面上"走迷宫"游戏，尝试在 30 秒内，用键盘的上下左右键控制小女孩走出迷宫。

如果在规定的时间内你帮助小女孩走出了迷宫，请问你是采取怎样的策略或方法：

_____

_____

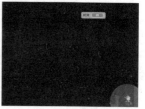

图 122 走迷宫

2. 活动探究

如图所示的环境中，小明闭着眼睛从教室的 A 处走向 B 处，应该走哪条路线？_____ 为什么？_____

由此我们知道，在走迷宫的过程中，关键是什么？_____

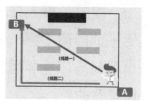

图 123 走迷宫的关键

3. 一起行动

请同学们填写机器人走迷宫的流程图

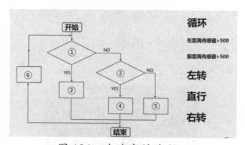

图 124 走迷宫的流程

4. 实践操作——机器人的搭建

打开 IRobotQ3D 软件，我们要帮助机器人走出迷宫，需要按照下图所示的情况，在机器人的前面和左边分别安装一个距离传感器，这就相当于是人的两只手，分别感受到前方和左方是否有障碍。

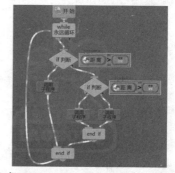

图 125 距离传感器

5. 实践操作——编程

我们需要在 IRobotQ3D 中利用模块化语言将流程图的思路进行编写。首先通过一个"永远循环"的语句来保证机器人一直处于运动状态。之后两个"if 判断语句"实现了"左手法则"的原理。

6. 实践操作——调试、运行

模拟机器人在迷宫 1 和迷宫 2 中的运动过程，因为两个迷宫场地中的障碍不同，需要同学们观察机器人能否顺利完成任务？如果出现问题应冷静思考，判断是机器人结构的故障还是程序编写错误所导致的？

7. 拓展探索

在机器人走迷宫中，我们用到距离传感器来实现任务，能否用其他传感器或者不用传感器来完成呢？

提示：可用障碍传感器来替换距离传感器来实现任务，也可以将轮胎制作成"导轮"来帮助机器人走出迷宫，或者制作一个飞行器来直接飞出迷宫（如图所示）。

图 126　走出迷宫

活动指引卡	讨论记录
相对于迷宫 1 而言，迷宫 2 的地图更加复杂。我们可以通过调整机器人结构或者程序来完成任务	如何通过修改机器人结构的方式来完成迷宫 2：_____ _____ _____ 如何通过修改程序来完成迷宫 2： _____ _____

图 127　迷宫 2

成果分享

小组相互协作，完成任务的同学可以帮助其他同学共同完成任务，完成任务后可以提交成绩。之后请每个小组最早提交作业的同学展示作品，并讲解制作过程中遇到了哪些问题？是如何解决的？

反思评价

表39　评价与反思12

评价内容	自我评价 （A、B、C、D）	组内点评 （A、B、C、D）	教师评价 （A、B、C、D）
创新精神			
问题意识			
自主学习能力			
创新创造能力			
合作意识			
任务完成度			
自我反思：			

拓展探究

迷宫"左手法则"或者"右手法则"主要针对有墙壁的迷宫，只要顺着墙壁走，都能走出去。这是因为在出口和入口的墙壁是闭合曲线，所以这种"法则"在一系列的墙壁迷宫中都是通用的，只不过左手法则只适用于小范围的固定迷宫，而大范围的迷宫用这种法则虽然一定能找到出口但是耗费的时间是巨大的。也要注意，左手法则并非万能，对于部分终点在内部的迷宫，左手法则可能会在外圈打转，回到入口。

项目三：红外线报警机器人

知识准备

Arduino 是一款功能强大、兼容性强、简单易学的开源电子平台，包含硬件（各种型号的 Arduino 控制板和执行器）和软件（Arduino IDE 集成编辑器），越来越多的电子爱好者都在用开源的开发平台 Arduino 来开发和设计日常生活中的智能化产品。今天将从 Arduino 控制器出发，带着同学们开启创客之路。

活动卡片

> Arduino 的控制板型号多种多样，本节将选用价格低廉、简单易学的 Arduino UNO 控制板制作一个红外线报警机器人。同学们将学习到 Arduino UNO 控制板的基本结构、工作原理、并利用 Arduino IDE 编程实现红外线报警的功能。

活动预备

1. 组建团队

将全班同学分为 7 个学习小组，每组学生分发 Arduino 机器人套装 1 份，包括 Arduino UNO 控制板 1 个、红外线传感器 1 个、蜂鸣器 1 个、10k 电阻 1 个、面包板和实验跳线若干。

2. 知识储备

（1）Arduino UNO 控制板

Arduino 源于意大利，意思是"强壮的朋友"，设计者起初是为了寻求一个廉价又好用的微控制器控制板而决定自己动手制作的开发板。UNO 在意大利语中的意思是"一"，所以 Arduino UNO 控制板是 Arduino 系列的一号开发板，它是基于 ATmega328 的 Arduino 开发板。它有 14 个数字输入 / 输出引脚、6 个模拟输入引脚，一个 16MHz 的晶体振荡器，一个 USB 接口，一个电源接口，

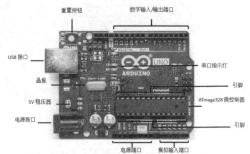

图 128　Arduino UNO 控制板

一个 ICSP 接口，一个重置按钮。它包含了微控制器所需的一切，你只用简单地把它连接到计算机的 USB 接口，便可以驱动它。

Arduino UNO 控制板负责红外线传感器的数据处理与设备控制，将接收到的电平信息进行处理，根据处理结果控制蜂鸣器的工作。

（2）红外线传感器

采集所在环境中具有一定的温度（高于绝对零度）的物质，能探测人体发出的红外线，当人进入红外线感应器的监视范围内，热敏电阻的温度升高，电阻发生变化，通过转换电路变成电信号输出。

（3）蜂鸣器

蜂鸣器连接电路时，有正负极之分，控制接口是数字接口，通常情况下长引脚连接 Arduino 的数字口，短引脚连接 GND。用于发出响声，报警。

（4）10k 电阻

上拉电阻，起到限流的作用。

（5）面包板和实验跳线若干

面包板的板子上有很多小插孔，是专为电子电路的无焊接实验

设计制造的。由于各种电子元器件可根据需要随意插入或拔出，免去了焊接，节省了电路的组装时间，而且元件可以重复使用，所以非常适合电子电路的组装、调试和训练。本小节，面包板负责整个红外线报警器各个器件的连接。

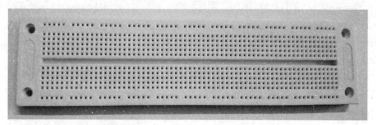

图 129　面包板

（6）Arduino IDE 编程环境介绍

Arduino IDE 是一款免费的集成开发环境的编程软件平台，在这款软件上编程需要使用 Arduino 编程语言，这是一种解释型语言，写好的程序被称为 sketch，编译通过后就可以下载到开发板中。在 Arduino 的官方网站可以下载这款软件及源代码、教程和文档。

本节采用的 Arduino1.8.5 版本进行代码编写，软件安装完成后的运行界面如图 130：

```
void setup() {
  // put your setup code here, to run once:

}

void loop() {
  // put your main code here, to run repeatedly:

}
```

图 130　Arduino1.8.5

快捷按钮的功能如下图所示：

验证　　上传　　新建　　打开　　保存

图 131　快捷按钮的功能

Arduino 程序的架构大体分为 2 个部分：

setup（）函数：在每次 Arduino 微控制板通电或重启后，程序运行首先调用 setup（）函数，而且只运行一次，所以 setup（）函数主要用于初始化变量、设置引脚的输入 / 输出类型、配置串口、引入类库文件等。

loop（）函数：在执行 setup（）函数中初始化和定义变量后，执行 loop（）函数。顾名思义，该函数在程序运行中不断地循环，根据程序段执行时地实时反馈，相应地改变执行情况。

3. 材料准备

红外线报警机器人套件 7 套、电脑、Arduino IDE 编程软件、程序下载数据线。

创客实践

1. 任务聚焦

通过本节课，我们需要学习 Arduino 微控制器的基本结构和功能，同学们动手搭建出红外线报警机器人的硬件平台，在 Arduino IDE 集成编辑器中学习简单的编程知识，实现"红外线报警机器人"的制作。

表 40　任务分解表 9

任务分解	制作步骤	注意事项
任务一：初识 Arduino 微控制器	第一步：了解 Arduino 的发展过程	记录笔记，相互讨论
	第二步：学习 Arduino 控制板的硬件知识	
	第三步：熟悉 Arduino 控制板的硬件接口连接	
任务二：完成机器人的组装	第一步：认识红外线传感器	短引线端为负极，长引线端为正极
	第二步：认识蜂鸣器	长引脚连接 Arduino 的数字口，短引脚连接 GND
	第三步：学习电阻、面包板、实验跳线	学习硬件组件与 Arduino 控制板的线路连接
任务三：编程控制机器人	第一步：学习 Arduino IDE 集成编程环境	做好笔记
	第二步：编写利用红外线传感器控制机器人的程序	注意数字接口的编号
	第三步：程序调试	实践检验，不断改进

2. 基础知识学习

通过基础知识学习并结合实践，完成《红外线报警机器人》程序代码的编写。

```
int InfraredSensor = A5;           // 定义红外线传感器接口为模拟接口 5
int Beep = 7;                      // 定义蜂鸣器接口为数字接口 7
int Value = 0;                     // 定义数字变量 Value
void setup() {
  // put your setup code here, to run once:
  pinMode(Beep, OUTPUT);           // 定义蜂鸣器接口为输出
  pinMode(InfraredSensor, INPUT);  // 定义红外线传感器接口为输入
  Serial.begin(9600);             // 设定波特率为 9600
}
void loop() {
  // put your main code here, to run repeatedly:
  Value = analogRead(InfraredSensor);  // 读取红外线传感器的模拟值
  Serial.println(Value);          // 输出模拟值
  if(Value >= 600){               // 当模拟值大于等于 600 时蜂鸣器鸣响
    digitalWrite(Beep, HIGH);
  }
  else{
    digitalWrite(Beep, LOW);
  }
}
```

3. 进阶实践

通过学习 Arduino 微控制器的基本知识，认识各类的传感器的工作原理，了解传感器与 Arduino 微控制器的连接接口，小组讨论，合作设计"红外线感应小夜灯"的硬件连接电路图，编写红外线传感器控制 LED 灯的程序，实践调试，上台展示。

4. 拓展探索

机器人在调试过程中，会出现一些特殊的状况，请分小组讨论如何解决下面的问题。

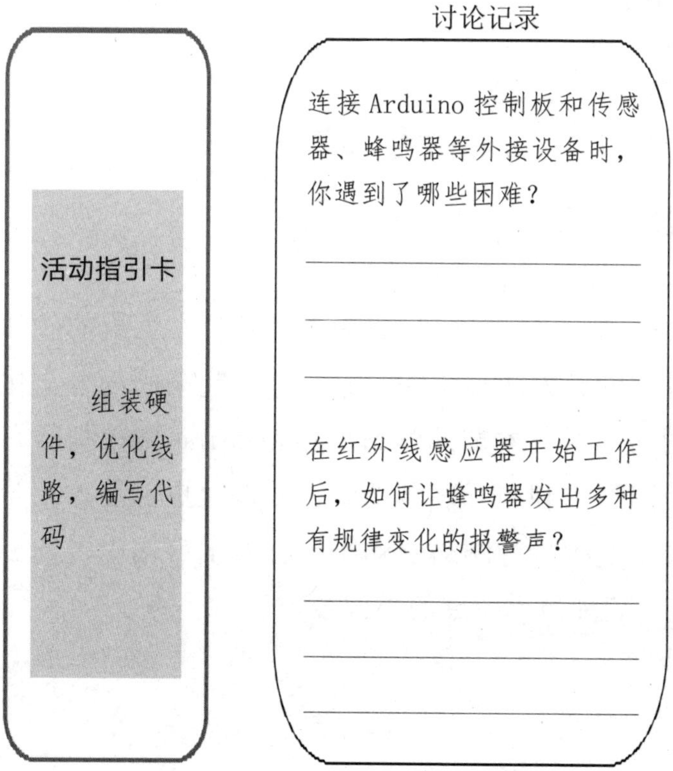

讨论记录

活动指引卡

组装硬件，优化线路，编写代码

连接 Arduino 控制板和传感器、蜂鸣器等外接设备时，你遇到了哪些困难？

在红外线感应器开始工作后，如何让蜂鸣器发出多种有规律变化的报警声？

图 132　解决问题

5. 创新思考

与 Arduino 相关的硬件除了核心开发板—微控制器外，各种执行器、扩展板也是重要的组成部分，如网络模块、GPRS 模块、语音模块等。在 Arduino 开发板的两侧可以插入引脚的地方就可以用于安装其他扩展板，它类似积木，通过一层层的叠加而实现各种各样的扩展功能。例如 Arduino UNO 同 W5100 网络扩展板连接后，可以实现上网的功能，堆插传感器扩展板可以扩展 Arduino 连接的传感器接口。请同学们查阅资料，了解利用 Arduino 微控制器如何连接更多扩展模块。

 成果分享

如今在中国，创客文化已成为一种潮流。大量的硬件发烧友和编程爱好者、创意人才聚集在一起，建立起来的创客文化在中国广泛流行。同学们通过本节的学习，对 Arduino 微控制器有了初步的认识。希望同学们利用互联网资源、云课堂更加深入地学习，利用微博、抖音、视频号等网络互动平台，展示自己更多的创意作品，成为推动人工智能技术发展的小创客。

反思评价

表41 评价与反思13

评价内容	自我评价 （A、B、C、D）	组内点评 （A、B、C、D）	教师评价 （A、B、C、D）
创新精神			
问题意识			
自主学习能力			
创新创造能力			
团队合作意识			
任务完成度			
自我反思：			

拓展探究

除了 Arduino IDE 集成开发环境，还有一些第三方软件可以帮助同学们更好地学习和使用 Arduino 制作的产品。例如图形化编程软件 ArduBlock，仿真软件 Virtual breadboard，还有 Proteus 既可以进行 Arduino 的仿真实验，还能画出标准的电路图和 PCB 图样，在国内外都有广泛的使用。同学们可以查阅相关资料，了解不同机器人编程软件环境的特点，利用仿真软件设计出更多创意作品。

项目四：控制机器人的运动 ——数字信号与模拟信号

细心观察

机器人与人类的协作，在于相互感知与控制。排爆机器人便是能够听从人类遥控，帮助人们涉足难以进入的区域，排除危险物品的机器人。排爆机器人的设计需要多方面功能的融合，如运动结构、行为控制、远程通信、环境检测等。我们便从最简单的遥控过程开始，逐步完善机器人的运动能力，并与人类的需求结合，制作简易的遥控运动机器人。

图 133　运动机器人

活动卡片

本节课，我们将学习 PWM 调速的基本原理，使小车的轮子可以以任意速度进行旋转，制造出能够自由运动的机器人小车。接下来，我们还要学习如何读取摇杆的位置信号，这样就能通过摇杆控制小车的运动了。

🐼 活动预备

1. 组建团队

一个成功的队伍，离不开合理的分工和紧密的协作。本节课的知识涉及了硬件、程序、测试等多方面的工作，正是展现一个团队优秀素质的最佳渠道。

2. 知识储备

Arduino 可以使用的信号电压为 5V。那么如果需要在某一端口上表达一个数值，就可以用 0～5V 范围内的电压来表示，如 3V、1.5V 等，Arduino 将这个电压的高低进行测量，就可以知道该端口上所要表达的数值大小了。但这种信号存在一系列问题：电压的测量存在误差，某块控制器测得电压为 3.1V，另一块可能只有 2.9V，因此不同控制器和不同传感器对同一数值的测量都有差异；电压的测量也受到精度的限制，如 Arduino 的电压测量后会将 0～5V 范围的电压变动转化为 0～1023 的数值。由于连接器、导线和 Arduino 内部均有电阻，因此如图所示，测量点受到串联电路分压原理的影响，

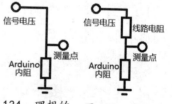

图 134 理想的模拟输入电路　　图 135 实际的模拟输入电路

无法正常测量到信号原本的电压。因此，模拟信号一般使用于传感器中，用于表达大小、远近的近似状态，但如果需要表达精确的数字，减少这个数字出错的概率，就需要更可靠的信号传输方式。

数字信号便能很好解决这一问题。我们将电压最大的信号电压，如 5V 定义为信号 1，而最小信号电压 0V 定义为 0，在我们分辨一个数字信号时，将大于一定值的电压均视为 1，小于一定值的电压均视为 0，这样即使线路电阻分去了一部分电压，仍能保证信号所代表的意义不发生变化，其抗干扰能力就能得到明显提升，对线路质量的需求也大大下降。

3. 材料准备

Arduino UNO 控制器一个、机器人小车运动套件 1 套（包含电池盒、底盘、电机、轮子及连接件）、L298N 驱动器一个、摇杆模块一个、镍氢电池或干电池 6 节或 9V 层叠电池 1 节、开关一个、杜邦线、电子导线若干。

创客实践

1. 电路连接

由于电子电路的工作原理，设计以电压开关式的信号控制器比较简单，但能够自由调整电压的输出电路比较复杂，其工作也受到精度和个体差异的影响，因此 Arduino 并没有直接输出模拟信号的能力，而只能输出数字信号。

本节课程所使用的遥杆，所输出的是其摇动角度的信号，因此使用了模拟信号传输模式。在对电机的控制时，由于 Arduino 输出电流信号的能力很弱，无法直接带动电机，因此需要用电机驱动板完成电机运动的驱动，而 Arduino 与电机驱动板间的信号则是数字信号。其电路连接图如下：

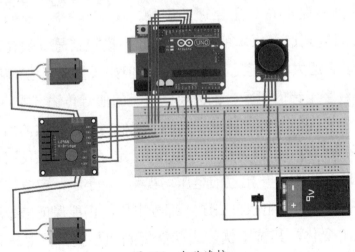

图 136　电路连接

2. PWM 信号与电机调速

（1）电路驱动测试

我们连接好了相关的电路后，首先需要测试电机的驱动是否正常，程序如下：

```
const int MOTOR1Pin1 = 8;
const int MOTOR1Pin2 = 9;
const int MOTOR2Pin1 = 10;
const int MOTOR2Pin2 = 11;
void setup() {
  digitalWrite(MOTOR1Pin1,0);
  digitalWrite(MOTOR1Pin2,1);
  digitalWrite(MOTOR2Pin1,0);
  digitalWrite(MOTOR2Pin2,1);}
void loop() {        }
```

在前面的定义区，我们定义了四个关于电机的变量，这样如果需要进行程序的移植，修改端口时只需要在定义区中进行，避免了反复修改程序体带来的诸多问题。但在本次课程中不会修改端口的位置，因此直接在程序体中写下端口号也是可以的。digitalWrite即是数字输出的命令函数，它包含两个变量，第一个代表需要操作的端口号，第二个代表该端口号需要输出的状态，0 代表低电压信号，也可以写作 LOW，1 代表高电压信号，也可以写作 HIGH。因此，在这个程序中会将 8、10 号端口置为低电压，而将 9、11 号端口置为高电压。将程序下载后，可以看到小车的两个轮子开始转动了，如果当前的转动状态不能使小车前进，可以调整电机接线的两级，使两个电机均正转，小车可以前进。

（2）转动方向的调整

对于 LM298N 电机驱动器，其具有两路电机驱动端口，四个控制端口，每两个端口控制一路电机的转动，其电压信号与转动状态间的关系如下：

表 42　电压信号与转动状态

电压信号	0-1	1-0	1-1	0-0
转动状态	正转	反转	停止	停止

因此，如果将前面的控制信号进行变化，小车便可以做出前进、后退、左转和右转的动作。

但是，小车的电机仅能够做出转或不转的动作，无法精细调整电机的转速。要调整小车的电机转速，可以改变其输入的电压，但前面我们介绍过，控制输出电压是比较复杂的，Arduino 也没有这个功能，那么，应该如何使用数字信号来调整电机的转速呢？

（3）PWM 调速技术

尽管目前的数字电路只能让电机做出转或不转的动作，但电机的转动并不是完全即时的，其启动和停止均有一定的惯性，如果我们让小车在 2 秒钟前进 1 米，但小车花了 1 秒钟就能够前进 1 米，我们只需要让其停止 1 秒钟，就能达到目的，同样的，如果小车运动 0.5 秒、停止 0.5 秒、再运动 0.5 秒、停止 0.5 秒，也能达到目标，以此这样不断细分，我们可以发现，如果小车以极快的速度不断运动、停止，其运动过程就是平顺的，我们就能够使电机的转速下降一半。用数字信号来完成模拟信号控制工作也是这样的原理，这个过程便叫作信号的调制，我们可以通过在一段时间内来回切换高低电压信号从而控制这段时间内高低信号出现的时间比例，高电压出现的时间比例越多那么输出的效果便越接近高电压，低电压出现的时间比例越多输出电压就越接近低电压，这种调制方式称为脉冲宽度调制 PWM（Pulse width modulation）。而 Arduino 的数字信号端口是支持这种信号输出的。在控制器上我们可以看到其中 3、5、6、9、10、11 端口标注了一个 ~ 的符号，表示这几个端口可以输出 PWM 信号。在这几个端口中，我们可以使用函数 analogWrite 来进行 PWM 信号的输出，其输出信号范围为 0 ~ 255。我们先使用以下的程序进行测试：

```
const int MOTOR1Pin1 = 8;
const int MOTOR1Pin2 = 9;
const int MOTOR2Pin1 = 10;
const int MOTOR2Pin2 = 11;
void setup() {
  digitalWrite(MOTOR1Pin1,0);
  analogWrite(MOTOR1Pin2,200);
  analogWrite(MOTOR2Pin1,200);
  digitalWrite(MOTOR2Pin2,1);}
void loop() {        }
```

在这个程序中，我们利用了9、10号端口进行PWM信号输出，可以看到两个电机的速度相比全速均有所下降，但左侧电机速度较快，右侧电机速度较慢，为什么会产生这样的结果呢？我们再次查看电机驱动器的电压信号表，可以发现，如果直接让某端口保持高电压，其效果相当于PWM信号中全部为高电压而不输出低电压，即与analogWrite(MOTORXPinX,255)相同，电机全速运转时，两个端口的PWM信号的差值也是最大的，在第一组电机控制中，其PWM信号差值为200，而在第二组电机控制中，PWM信号差值相当于只有55。

3. 课堂活动：运动程序的匹配

我们使用9、10号端口输出PWM信号，配合8、11号端口就可以调整速度的大小和方向了，但其速度的大小、方向与输出信号是如何匹配的？请进行测试，并完成以下表格中电机2达成转速要求所需要的信号变化方式：

表 43　信号变化

电机1信号	8号端口：0	9号端口：0～255	8号端口：1	9号端口：255～0
电机1转速	电机正转 0～255		电机反转 0～255	
电机2信号	10号端口：	11号端口：	10号端口：	11号端口：
电机2转速	电机正转 0～255		电机反转 0～255	

4. 课堂活动：运动程序的匹配

找到了上面的信号与运动速度对应关系，我们可以把速度与信号间的关系总结成公式，如果电机转速与PWM信号大小为正比，则

PWM 信号值 = 速度值，而如果为反比，则 PWM 信号值 =255- 速度值。另外，由于我们已经能够灵活调整电机的转向和速度，也可以为其编写一个专门的函数，输入两侧电机的速度值，即可自动转换为 PWM 值并进行信号输出。其程序如下：

```
const int MOTOR1Pin1 = 8;
const int MOTOR1Pin2 = 9;
const int MOTOR2Pin1 = 10;
const int MOTOR2Pin2 = 11;
void setup() {
motor(100, 100);
}
void loop() {      }
void motor(int M1, int M2)
{
  if(M1>0)
   {digitalWrite(MOTOR1Pin1, 0);
    analogWrite(MOTOR1Pin2, M1);              }
   else if(M1<0)
   {digitalWrite(MOTOR1Pin1, 1);
    analogWrite(MOTOR1Pin2, 250+M1);          }
   else
   {digitalWrite(MOTOR1Pin1, 0);
    digitalWrite(MOTOR1Pin2, 0);             }
   if(M2>0)
   {analogWrite(MOTOR2Pin1, 255-M2);
    digitalWrite(MOTOR2Pin2, 1);             }
   else if(M2<0)
   {analogWrite(MOTOR2Pin1, -M2);
    digitalWrite(MOTOR2Pin2, 0);             }
   else
   {digitalWrite(MOTOR2Pin1, 0);
    digitalWrite(MOTOR2Pin2, 0);             }
}
```

其中 void motor(int M1, int M2) 即是定义电机驱动函数的过程，其中的两个参数分别代表两个电机的转速，范围为 -255 到 255 之间，如果输入 0，则电机停止，负值为电机反转，正值为电机正转。

在程序体中使用我们所定义的 motor 函数，即可完成两电机自由转动的目标。

5. 摇杆的使用与模拟信号的处理

在前面我们已经熟悉了数字信号的工作原理与 PWM 信号的控制方式，接下来我们要利用摇杆来学习模拟信号的读取过程，并将其与前面的程序结合，完成对小车运动的控制。

（1）如何使用摇杆

摇杆模块的本质，是一个可以完成 X、Y 轴转动的机械结构，将其 X、Y 轴分别连接两个电位器，并用弹簧将其限位于两个电位器中间，另有一个按键开关用于感应摇杆的下压动作。在本次的内容中，我们只需要连接 URX、URY 以获得 X、Y 轴的转动值，GND 和 5V 用于为模块提供电力，而用于按键的 SW 端口暂时不需要连接。

将 URX 与 URY 连接入 Arduino 的 A0、A1 端口后，我们先将前面的程序保存，并建立一个新程序，利用 Arduino 的串口数据输出功能，在电脑上即可看到摇杆的模拟信号值。关于 Arduino 的串口，在下节课的内容中将进行更加详细的讲解。其程序如下：

```
const int CONTROLPin1 = A0;
const int CONTROLPin2 = A1;

void setup() {
    Serial.begin(9600);
}
void loop() {
  Serial.print(analogRead(CONTROLPin1));
  Serial.print("    ");
  Serial.println(analogRead(CONTROLPin2));
 delay(10);
}
```

其中 Serial.begin(9600) 是进行串口初始化的函数，Serial.print() 可以输出括号内的文字或变量，Serial.println() 在进行内容输出后，会在后面自行换行，这个程序便可以以每秒约 100 次的速度测量两个模拟信号输入端口的值并通过串口输出。打开 Arduino IDE 右上角的串口监视器，即可在监视器中看到相应的数字输出。在没有转动摇杆时，两个值大致在 500～600 之间，转动摇杆，其数字也有相应的变化。

（2）用摇杆控制小车的运动

那么，通过对摇杆模拟值的读取，就可以知道摇杆的转动方向，如果我们对这些值进行判断，就可以进行小车的运动控制了。为了避免在控制过程中误输入了范围外的数字，我们还可以对电机驱动函数进行一些改进，加入参数范围的判断。结合前面的运动程序函数，其程序如下：

```
const int CONTROLPin1 = A0;
const int CONTROLPin2 = A1;
const int MOTOR1Pin1 = 8;
const int MOTOR1Pin2 = 9;
const int MOTOR2Pin1 = 10;
const int MOTOR2Pin2 = 11;
int c1=0;
int c2=0;
void setup() {          }

void loop() {
 c1=analogRead(CONTROLPin1);
 c2=analogRead(CONTROLPin2);
 if(c1>700) motor(-250,-250);
 else if(c1<300) motor(250,250);
 else if(c2>700) motor(-150,150);
 else if(c2<300) motor(150,-150);
 else  motor(0,0);
 delay(10);
}

void motor(int M1,int M2)
{
  if(M1>0)
    {digitalWrite(MOTOR1Pin1,0);
     analogWrite(MOTOR1Pin2,M1);          }
```

```
else if(M1<0)
{digitalWrite(MOTOR1Pin1,1);
 analogWrite(MOTOR1Pin2,250+M1);          }
else
{digitalWrite(MOTOR1Pin1,0);
 digitalWrite(MOTOR1Pin2,0);             }
if(M2>0)
{analogWrite(MOTOR2Pin1,255-M2);
 digitalWrite(MOTOR2Pin2,1);             }
else if(M2<0)
{analogWrite(MOTOR2Pin1,-M2);
 digitalWrite(MOTOR2Pin2,0);             }
else
{digitalWrite(MOTOR2Pin1,0);
 digitalWrite(MOTOR2Pin2,0);             }
}
```

在这个程序中，我们定义了 c1、c2 两个变量，用于存储读取到的摇杆模拟值，通过判断语句，将摇杆角度转化为前进、后退、左转、右转、停止五种状态，并利用 motor 函数进行电机转速控制，这样我们就可以利用摇杆来控制小车的运动了。

6. 更加舒适的控制方法

我们已经完成了摇杆控制小车的结构和程序制作，如果在线路连接过程中我们用比较短的线来连接摇杆和小车，那么控制小车运动时操作者肯定不会很舒适，因此，加长连接线路可以让操作者的控制过程更加舒适，也更方便观察小车的运动状态及周边障碍物的情况。这种提升工作效率、健康、舒适与安全性的改进研究，我们称为人机工程。人机工程是一门庞大的交叉学科，但我们也可以通过比较简单的方式来感受和体验这门学科带来的好处。

通过更好的控制程序，可以让操作者进行精细化的控制，但如果状态设置过多或不当，也会给操作者带来麻烦；同时，对于操作水平和反应速度不同的操作者，小车的运动和转动速度也可以进行更加细致的调节，以提高其操作的准确性。

成果分享

还有哪些改进，能够使操作者更便捷地控制小车呢？请各个小组上台展示其学习的成果与自我改进的各种创意。

反思评价

表 44　评价得分 1

评价内容	评分标准	各组得分				
		1 组	2 组	3 组	4 组	5 组
小组合作	1. 分工明确（3 分）					
	2. 合作参与度高（5 分）					
任务过程	1. 完成结构搭建（3 分）					
	2. 完成运动函数编写（3 分）					
	3. 完成运动控制任务（3 分）					
创新思维	对小车进行了操控的改进（2 分）					
展示过程	1. 表述条理清楚（3 分）					
	2. 表述自然得体（3 分）					
合计得分						

拓展探究

除了软件层面的改进外，我们还可以从硬件角度提升操作者的舒适度。尽管摇杆本身提供了一个便于手指操作的外壳，可以自由进行转动，但有时我们需要一个确定的运动指示方向，我们便可以利用 3D 打印技术，构建全新的摇杆控制外壳，提升操作者的控制效果。

图 137　摇杆外壳

其中一种摇杆外壳如图 137，比较这种外壳和摇杆自带的外壳，它们各有什么优缺点？你们能否设计出更符合操作者需求的摇杆外壳？

项目五：无线遥控小车
——蓝牙通信技术

细心观察

在上一项目中我们已经完成了小车的运动控制与摇杆的信号处理。但小车的运动仍旧被摇杆与导线束缚，无法实现大范围的遥控运动，这就需要无线通信技术来摆脱线缆的限制了。无线通信技术能够让信息跨越时间和空间的距离，达到人们难以企及的地方。无论是短距离的蓝牙、ZigBee 信号传输，还是覆盖整个区域的 5G 网络，横跨全球的卫星通信，都是无线通信技术的一员。今天我们就通过蓝牙通信，体验无线通信技术的魅力。

活动卡片

在本节课，同学们会了解串口通信的基本原理，学习蓝牙模块 AT 命令，来对蓝牙模块进行配置和配对，学习 Arduino 软串口通信的方式。最后利用这些知识，完成蓝牙无线通信的设计与制作，使小车能够通过远程遥控的方式自由运动。

活动预备

1. 发现问题

在上节课的学习中，我们已经制作出了可以通过摇杆进行遥控的小车，并通过人机工程学对摇杆的操作方式进行了优化，但在优化过程中，我们会发现，连接摇杆和控制器的导线始终是阻碍小车自由运动的重要因素。想要将有线数据的传输转化为无线数据，我们就要学习无线通信技术。但无线通信技术也是基于电子电路的基本原理进行的，上节课我们讲到，数字信号是抗干扰能力强的信号模式，对于无线通信来说更是如此，但数字信号只能表示 0 和 1 两个内容，想要让数字信号传输大量数据，就需要制定一系列的数字通信方法。

2. 知识储备

数字通信可以分为两大类：并行通信和串行通信。

并行通信——通过传输线路，可以在同一时间传输多个数据，这些数据就像方阵队列一样一排

图 138　DB-25 针型并行接口

排地被传输出去。如图 138 所示就是老式打印机常用的 DB-25 针型并行接口，有 25 条彼此独立的线路，一般在使用中，除了用于供电和进行控制的线路外，会使用 8 条及以上的独立通道，一次传输大量的数据。

串行通信——将数据排成长队，一个接一个地进行发送。由于数据发送和接收有主从与速度等关系，因此衍生出很多的硬件接口标准，如 UART 串口、SPI、I2C 等。我们常用的 USB 接口也属于串行通信。如图 138 所示，USB2.0 接口中仅包含四条线路，除去用于供电部分外，仅有两条线路用于进行通信和信号控制。

虽然从原理上看，并行通信比串行的效率更高，但并行通信需要多条数据通道同时运行，如果某条通道出了问题，所有的信号都要受影响，而为了保证多条通道不会相互干扰，通道间还需要进行信号屏蔽，这样一来，在

图 139　USB 接口

单位面积的导线线束内，并行通信的每个通道导线更细、信号质量更差，长期使用时出问题的概率更高。而串行通信的线路质量和信

号质量更好，反而有条件通过提高通信频率，获得更高的通信效率。因此，庞大而不稳定的并行通信接口逐渐被小巧而高速的串行接口所取代，目前的电脑上往往搭载多个 USB 接口，但很少见到古老的并行接口了。

创客实践

1. UART 串口通信的线路与速率

串行通信想要在很少的线路中传递大量数据，就要提高通信速度，但就如同一个人说话太快，听者就要更专心地听清对方要表达什么一样，串行通信的发送和接收方需要将通信速度统一，才能保证既不漏掉信号，也不会把一个信号当成两个来接收。其中IIC采用了利用一条线路作为时钟线，另一条作为数据线的方式，来调整发送者和接收者的同步状态，但这使得一个设备在发送信号时，由于数据线被占用，另一个设备是无法同时返回信号的。UART串口通信则是使用两条线路均作为数据线，但彼此信号传输方向相反的方式，同时承载往返数据，这样不会出现收发冲突的问题，但这种方式没有时钟线，因此通信双方需要预先约定一个通信的速度，这个速度我们称为波特率，在上节课中，用于初始化串口的Serial.begin(9600)中的9600，便是代表这个串口波特率为9600，每秒可以传输9600个二进制位，也就是9600/8个英文字母。在设备上，以TX表示串口发送端，RX代表串口接收端，连接线路时，需要将这一设备的TX与另一设备的RX相连，而将这一设备的RX与另一设备的TX相连，这种交错连接的方式便决定了哪条线路是信号发送，哪条是接收，因此串口通信是一种点对点的通信方式，一组串口只能连接一个设备。

2. 蓝牙模块的配置和配对

（1）蓝牙模块简介

蓝牙，是一种支持设备短距离通信的无线电技术，一般的有效通信距离在 10m 左右，但也有专门设计的远距离型号。手机、无线耳机、笔记本电脑等很多设备都具有蓝牙功能，利用这一功能，各个设备之间便可以进行无线信息的交换、文件和音频传输等任务。因此，它是目前实现无线通信的主流技术之一。

我们以使用 HC-05 模块为例，进行蓝牙通信的试验。这款蓝牙模块可以通过串口通信进行参数配置，在配对后，两个模块就像一条无形的数据线缆，将模块所连接的两个串口数据进行无线通信交换。这样我们就可以通过蓝牙模块，以 UART 串口的方式收发数据了。HC-05 蓝牙模块的外观如图 140 所示。

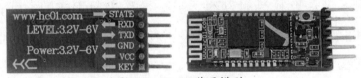

图 140　HC-05 蓝牙模型

（2）蓝牙模块的电路连接

想要使用蓝牙模块，首先要对蓝牙模块进行配置。为了操作方便，我们将其连接到电脑上，通过串口通信软件进行配置。尽管电脑的 USB 接口也是串行接口，但其通信标准与蓝牙模块并不相同，我们需要一

图 141　CH340G 模块

个转换模块。如图 141 所示是 CH340G 模块，使用 FT232、CP2102 或 PL2303 等模块的操作方式也基本是完全相同的。

我们首先将 CH340G 模块的 5V 和 GND 接在蓝牙模块的 VCC 和 GND 上，用以为蓝牙模块提供电力，另外我们遵循 UART 串口的连接方式，将 CH340G 模块的 TXD 连接蓝牙模块的 RXD、将 CH340G 模块的 RXD 连接蓝牙模块的 TXD，再为电脑安装 CH340G 模块的驱动，就完成了蓝牙模块到电脑的连接准备。

（3）蓝牙模块的调试方法

接下来我们使用串口调试软件进行蓝牙模块的配置。在这里我们使用汇承公司自带的串口调试助手来进行。为了保证数据通信时所传输的数据不会影响蓝牙模块本身的信息配置，该蓝牙模块提供了 AT 命令模式，我们需要按住模块接口一侧的按钮，

图 142　串口调试助手的界面

再将模块通电，比较简单的方式是连接好线路后，先按住按钮，再将 CH340G 模块的 USB 口插入电脑，此时蓝牙模块的信号灯会开始缓慢闪烁，说明模块已经进入了 AT 命令模式。

串口调试助手的界面如图 142 所示，左侧显示了串口的端口、波特率等信息，我们首先将串口菜单下拉，选择我们安装 CH340G 后产生的新串口，波特率设置为 38400，其余设置不便，点击"打开串口"按钮，按钮左侧指示会变成红色，按钮变为"关闭串口"，代表串口已经被打开了，如果串口连接失败，可以尝试选择其他端口或检查驱动程序是否被正确安装。右侧上方是串口通信的信号接收区，显示了该串口接收到的信息，右侧下方为发送区，要发送的命令就在这里写入。点击左侧下方的"手动发送"，即可将发送区的命令发送出去。

蓝牙模块的设置是基于 AT 命令的，在发送命令时都会以 AT 作为开头，对于 HC-05 模块，每个命令的结尾需要加入一个回车。接下来我们便一步步地进行蓝牙模块的信息配置。

（4）蓝牙模块的地址获取

如果某个位置有很多蓝牙模块，那么模块间彼此配对，就需要像我们互相寄信一样，需要一个独一无二的地址，来确认哪些信息是发给自己的。因此，首先我们需要获得模块的地址，其命令为

"AT+ADDR"，在结尾处需要加入一个回车，按下手动发送按钮，如果线路连接正确，我们就可以看到在接收区会显示蓝牙模块返回的地址，这个地址是模块配对的关键，需要记录下来。

（5）蓝牙模块的名称设置

下一步是对蓝牙名称的设置，蓝牙模块的连接是基于地址的，模块名称是为了让我们快速认出这个模块是属于哪里的，但就像人可以重名一样，如果不进行修改，对于这款模块也是可以正常工作的。使用"AT+NAME=XXX"来设置模块名称，命令后面需要加入回车，命令写入成功后会返回"OK"。

图 143　设置模块名称

（6）蓝牙模块的主从状态设置

接下来要设置的是主从机状态。尽管串口通信本身是不分主从机的，但在蓝牙模块连接时，需要主机模块根据设置主动搜索从机模块，才能完成配对工作，因此，一对蓝牙模块需要一个设置为主机，另一个设置为从机，其命令为"AT+ROLE=X"，X 为 1 时为主机，0 为从机，命令后面需要加入回车，命令写入成功后会返回"OK"。

（7）蓝牙模块的密码设置

蓝牙连接可以传输数据，同样也会带来数据安全性的问题，为了避免其他蓝牙设备错误连接，需要对蓝牙模块设置密码，只有密码相同的两个模块才可能进行连接。其命令为"AT+PSWD=XXX"，命令后面需要加入回车，命令写入成功后会返回"OK"。

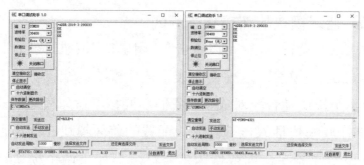

图 144 密码设置

（8）蓝牙模块的连接模式设置

我们的串口模块是要进行配对使用的，为了保证配对的准确性，可以调整蓝牙模块的连接模式为指定蓝牙地址连接模式，这样即使其他模块有了相同的密码，也不能进行配对连接。其命令为"AT+CMODE=0"，其中 0 为指定蓝牙地

图 145 连接模式设置

址连接模式，命令后面需要加入回车，命令写入成功后会返回"OK"。

（9）蓝牙模块的地址绑定

既然设置了指定蓝牙地址连接模式，那么我们就需要指定两个模块的链接地址。其命令为"AT+BIND=XXX"，其中 XXX 是另一个蓝牙模块的地址，因此我们需要先记下另一模块的地址，写进这个模块内，地址在写入时，原本用于分割地址的冒号"："需要换为英文逗号"，"，命令后面需要加入回车，命令写入成功后会返回"OK"。

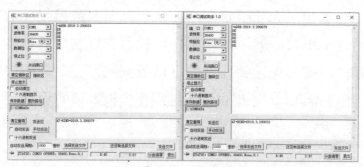

图 146 地址绑定

（10）蓝牙模块的连接状态测试

在完成以上设置后，就可以点击"关闭串口"按钮，先将串口关闭，随后拔出 CH340G 模块。这样便完成了蓝牙模块的配置，接下来我们需要检查两个模块是否配对成功，我们不要按下蓝牙模块的小按钮，直接将 CH340G 模块插入电脑。完成配置的蓝牙模块在通电后，主机和从机会以不同频率快闪或慢闪信号灯，但如果两个模块已经建立了连接，便会以相同频率双闪信号灯。此时在串口调试助手中选择相应串口编号，修改波特率为 9600，点击"打开串口"，在其中一个发送区输入要发送的内容，点击手动发送，另一端便能够接收到发来的数据，如果点击自动发送，就可以按照下面的发送周期，自动发送发送区的内容。

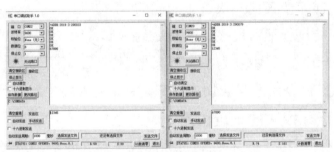

图 147　连接状态测试

3. Arduino 上的串口通信与无线遥控

（1）软串口的意义与使用方法

Arduino UNO 只有一个硬件串口，位于 0、1 号数字端口，但这个串口同时承担了 Arduino 程序下载和对电脑数据收发的功能，如果要使用这个串口，就不能用串口监视器查看相应的数据，而且在下载程序前，需要先拔掉连好的串口数据线，因此并不建议使用这个串口。不过 Arduino 还提供了通过程序模拟串口的功能。程序如下：

```
#include <SoftwareSerial.h>
SoftwareSerial mySerial(2, 3); // RX, TX
int c1=0;
```

```
void setup() {
    mySerial.begin(9600);
    Serial.begin(9600);
}
void loop() {
  if (mySerial.available()) {
    c1=mySerial.read();
    Serial.println(c1); }
}
```

在这个程序中，最前面的 #include ⟨SoftwareSerial.h⟩ 声明这个程序需要使用软串口的程序库，这样我们就可以使用软串口的相关函数了。SoftwareSerial mySerial(2,3); 定义了一个名为 mySerial 的软串口对象，其端口为 2 号数字口作为 RX、3 号数字口作为 TX。在程序中，我们首先让 mySerial 软串口和硬件串口均以 9600 波特率初始化，而在 loop 中，mySerial.available() 用于检测软串口是否收到了数据，如果收到数据，该值就会大于 0，没有数据则等于 0，如果收到了数据，就将数据通过 mySerial.read() 读取到变量 c1 中，并通过硬件串口输出。

（2）电路连接方法

但此时我们还缺少信号的来源，因此需要将蓝牙模块接入之前的设备。由于我们要将遥控器和小车彻底分离，因此我们需要使用两块 Arduino 控制器，分别按照上节课的方式接入小车和摇杆上，另外将蓝牙模块也接入控制器中，需要注意 TX 和 RX 的交错接法，其电路图如图 148 所示：

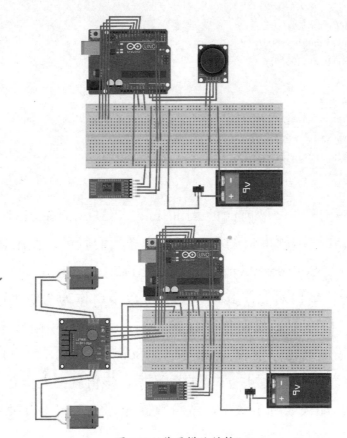

图 148　蓝牙模块的接入

（3）遥控程序测试

连接好线路后，我们首先将上面的程序下载入小车的控制器中，而对于遥控器，我们要使用另一组程序：

```
#include <SoftwareSerial.h>
SoftwareSerial mySerial(2, 3); // RX, TX
const int CONTROLPin1 = A0;
const int CONTROLPin2 = A1;
int c1=500;
int c2=500;

void setup() {
    mySerial.begin(9600);
}
void loop() {
 c1=analogRead(CONTROLPin1);
```

```
c2=analogRead(CONTROLPin2);
if(c1<300) mySerial.write(1);
else if(c1>700) mySerial.write(2);
else if(c2>700) mySerial.write(3);
else if(c2<300) mySerial.write(4);
else mySerial.write(5);
delay(200);
}
```

在这个程序中，我们沿用了上节课程序中的摇杆部分，但将摇杆部分中的 motor 函数换成了 mySerial.write()，这个函数可以将括号内的参数以一个字节的方式发送出去，范围为 0 ~ 255，由于我们已经对摇杆信号进行了逻辑判断和分类，因此只要将处理后的前进后退等命令发送出去即可。如 1 为前进、2 为后退、3 为左转、4 为右转、5 为停止等。每次发送后进行 200 毫秒的延时，这样就可以避免由于通信速率有限带来的信号丢失。

两边的程序都下载完成后，就可以将小车的控制器连接入电脑，打开 Arduino IDE 右上角的串口监视器，再将遥控器通电，检查两端模块是否配对正常，如果模块连接正确，程序没有问题，就可以在串口监视器中看到遥控器发送来的值，拨动遥控器，串口监视器上的数值也会有相应的变化。

（4）运动程序测试

在完成以上任务后，我们就可以将收到的数值转换为运动动作了。其程序如下：

```
#include <SoftwareSerial.h>
SoftwareSerial mySerial(2, 3); // RX, TX
const int MOTOR1Pin1 = 8;
const int MOTOR1Pin2 = 9;
const int MOTOR2Pin1 = 10;
const int MOTOR2Pin2 = 11;
int c1=0;

void setup() {
```

```
    mySerial.begin(9600);
}
void loop() {
  if (mySerial.available()) {
    c1=mySerial.read();
    if(c1==1) motor(250,250);
    else if(c1==2) motor(-250,-250);
    else if(c1==3) motor(-150,150);
    else if(c1==4) motor(150,-150);
    else  motor(0,0);
  }
}
void motor(int M1,int M2)
{
  if(M1>0)
  {digitalWrite(MOTOR1Pin1,0);
   analogWrite(MOTOR1Pin2,M1);            }
  else if(M1<0)
  {digitalWrite(MOTOR1Pin1,1);
   analogWrite(MOTOR1Pin2,250+M1);        }
  else
  {digitalWrite(MOTOR1Pin1,0);
   digitalWrite(MOTOR1Pin2,0);            }
  if(M2>0)
  {analogWrite(MOTOR2Pin1,255-M2);
   digitalWrite(MOTOR2Pin2,1);            }
  else if(M2<0)
  {analogWrite(MOTOR2Pin1,-M2);
   digitalWrite(MOTOR2Pin2,0);            }
  else
  {digitalWrite(MOTOR2Pin1,0);
   digitalWrite(MOTOR2Pin2,0);            }
}
```

其中我们沿用了 motor 函数，在接收到遥控器发来的信号后，根据信号控制电机进行相应动作，这样就完成了通过蓝牙模块传输无线数据，来沟通遥控器与小车进行动作控制的整个任务。

 **成果分享**

在遥控器程序中，我们设置了 200 毫秒的延时，以避免数据延迟和丢失。延时越长，出现通信阻塞问题的概率越低，但会降低小车的控制性能，请针对自己的设备进行测试，找出稳定性和控制性俱佳的延时时长，并讨论在哪些情况下需要尽量保证数据的稳定，哪些情况下需要尽量提高设备的响应速度。将自己对于遥控程序优化后的成果展示给大家。

 **反思评价**

表 45 评价得分 2

评价内容	评分标准	各组得分				
		1组	2组	3组	4组	5组
小组合作	1. 分工明确（3 分）					
	2. 合作参与度高（5 分）					
任务过程	1. 完成电路搭建（3 分）					
	2. 完成蓝牙模块通信任务（3 分）					
	3. 完成遥控小车运动任务（3 分）					
创新思维	对小车进行了遥控技术的改进（2 分）					
展示过程	1. 表述条理清楚（3 分）					
	2. 表述自然得体（3 分）					
合计得分						

拓展探究

　　蓝牙通信是一种短距离传输方式，因此如果距离过远，可能会出现信号丢失或配对失败。请在开阔地测试这一对模块能够达到稳定通信的范围，并以坐标纸中心为小车的位置，设置合适的比例尺，绘制该蓝牙模块的信号范围图，通过该表模块的安装位置和摆放角度，测试哪种安装方式可以获得最好的信号效果。

编写说明

　　STEAM 教育于 2006 年起源于美国，并逐步扩展到其他国家。当前世界范围内，英国、韩国、德国、澳大利亚等国家将 STEAM 教育列入国家教育发展战略而实施。2016 年，我国教育部印发《教育信息化"十三五"规划》中明确提出，积极探索信息技术在"众创空间"、跨学科学习（STEAM 教育）、创客教育等新的教育模式中的应用。STEAM 教育在我国教育政策推动下、学界深入研究支撑下、世界其他国家影响下，逐步在我国中小学校落地实施。2017 年颁布的《普通高中课程方案和课程标准》（修订版）集中体现出育人为本、素养为核、情境为场、问题为纲、技术为翼等价值取向和发展趋势。作为跨学科课程的典型代表，STEAM 课程以其开放性、主体性、情境性、关联性、发展性，从其产生便受到全国各中小学（幼儿园）的大力欢迎。

　　在"十三五"开局之年，重庆市渝北区便开启了 STEAM 教育的研究与实践，经过数年的发展，也逐渐取得了显著的成果。尤其在教育改革发展的新形势、新挑战、新背景下，重庆市渝北区积极行动，由区教委牵头与西南大学基础教育研究中心签订框架合作协议并开展相关合作，组织区教师进修学院、中小学教师积极开展 STEAM 教育研究，探索 STEAM 教育改革发展的内在规律，也为《中学科创教育 STEAM 课程》和《小学科创教育 STEAM 课程》（以下简称"中、小学科创教育 STEAM 课程"）的出版打下坚实基础。

　　《中、小学科创教育 STEAM 课程》作为重庆市"十四五"规划2021 年重点课题《区域中小学 STEAM 课程体系建构与实施研究》的成果之一，是区域构建的适合中小学 STEAM 教育发展的地方性课程，它通过区域整体推进的方式，搭建能够促进中小学校 STEAM 教育发展的课程内容，在区域中小学发展实际的基础上，提升区域课程领导力，推进区域课程改革。本课程的开发与构建由重庆市渝北区教科所带领，在西南大学基础教育研究中心学术支持与指导下，联合渝北区 22 所 STEAM 课程实验学校和部分非实验学校的一线教师，在过去 5 年的实践探索的基础上共同开发，得到渝北区教委领导的大力支持，并在经费上、制度上予以了充分保障。

《中、小学科创教育 STEAM 课程》共分为《小学科创教育 STEAM 课程》和《中学科创教育 STEAM 课程》两本。整套课程的体系建构由曾亚琼具体负责，西南大学在读博士高鑫、渝北区汉渝路小学尹春莎、中央公园小学陈明艳、暨华中学王敏、两江中学田爽协助，各主题单元项目案例由基层学校一线教师设计。《小学科创教育 STEAM 课程》第一单元《探索发现》中项目一（纸张奥秘）作者余荣伟、项目二（梦幻饮料）作者刘娟、项目三（风向袋）作者曾令华、项目四（隐身的秘密）作者张芳；第二单元《能工巧匠》中项目一（搭建纸桥）作者薛姗、项目二（纸牌船的奥秘）作者刘方、项目三（木结构桥梁搭建）作者黄锡彬；第三单元《机械世界》中项目一（滚动吧，轮子）作者刘蕊、项目二（我的汽车我做主）作者赵青、项目三（我的无人驾驶车）作者邓红梅、项目四（未来交通工具）作者黄锡彬；第四单元《信息时代》中项目一（追踪电波密码）作者陈明艳、项目二（探秘二维码）作者尹春莎、项目三（玩转 APP）作者周飞、项目四（智能稻草人）作者李成瑜；第五单元《节能环保》中项目一（垃圾来源）作者田爽、项目二（垃圾分类）作者田爽、项目三（垃圾处理）作者田爽、项目四（变废为宝）作者罗文。

《中学科创教育 STEAM 课程》第一单元《能工巧匠》中项目一（神奇榫卯）作者何友明、项目二（能工巧匠）作者吴玉蓉、项目三（创意椅子）作者谭莉、项目四（创意书房）作者陈然；第二单元《智慧环保》中项目一（智能垃圾桶）作者蒲彩霞、谢洪、项目二（智能垃圾分类）作者陈登华、项目三（智能垃圾回收站）作者谭超；第三单元《疫情防控》中项目一（病毒来了）作者罗颖、项目二（病毒防护）作者许金平、项目三（大战病毒）作者王敏；第四单元《智能编程》中项目一（智能调光台灯）作者王琦、项目二（智能作曲音乐盒）作者徐登琴、项目三（3D打印之私人订制）作者胡宇；第五单元《放飞梦想》中项目一（放飞梦想）作者张莉、庞玲、游超、项目二（神奇的无人机）作者胡忠庆、项目三（光影艺术）作者孙宇新；第六单元《万能机器人》中项目一（万能的机器人）作者向宇、项目二（穿越迷宫的机器人）作者刘勇、项目三（红外线报警机器人）作者郑兰、项目四（控制机器人的运动——数字信号与模拟信号）作者孙宇新、项目五（无线遥控小车——蓝牙通信技术）作者孙宇新。

该套课程将国家课程中的科学课程、综合实践课程、通用技术课程、信息技术课程与科创教育的编程课程、机器人课程、无人机课程、3D打印课程、创客课程、工程课程、艺术课程、数学课程等学科课程进行了有机整合，与垃圾分类、疫情防控等现实生活进行有机链接，并在遵从不同年级阶段学生特点的基础上，形成了基于问题解决的本土化STEAM课程。该课程打破了学科界限和学科壁垒，破解了知识学与用的脱节问题。该课程既有面向全体学生的基础学习项目，又有面向部分拔尖学生的拓展学习项目，更有链接国际国内科创比赛、创新大赛等竞赛类的社团项目和兴趣小组项目。课程既凸显了基础性、层次性、系统性和灵活性的特点，又强调了知识跨界、场景多元、问题生成、创新驱动；既体现出课程综合化、实践化、活动化的诸多特征，又反映了课程回归生活、回归社会、回归自然的本质诉求。顺应了课程改革的新趋势，回应了教育改革的真问题。

《中、小学科创教育STEAM课程》荟萃了渝北区教委、渝北区教师进修学院、西南大学基础教育研究中心和 22 所 STEAM 课程实验学校（重庆八中、渝北中学、松树桥中学、南华中学、育仁中学、渝北职教中心、实验中学、龙山中学、实验小学、两江小学、渝北巴蜀小学、龙溪小学、花园小学、长安锦绣实验小学、回兴小学、渝开学校、笃信实验学校、空港新城人和街小学、立人小学、锦华学校、古路学校、仁睦完全小学）以及 12 所非实验学校（暨华中学、两江中学、汉渝路小学、中央公园小学、新牌坊小学、数据谷小学、实验三小、五星路小学、空港实验小学、龙山小学、宝圣湖小学、和合家园小学）等多家单位的研究与实践成果。这些成果凝聚着 STEAM 课程专家、STEAM 课程实验学校相关领导、一线科创教育教师，尤其是 STEAM 课程设计者的辛劳、智慧和心血，在此一并表示衷心感谢！同时，课程编写时也参考了大量的国内外案例，为此，特别向案例的原作者表示深深的感谢！

　　课程编写虽然已经完成，但由于课程中相关案例的设计者多数来自基层学校的普通教师，理论功底多少有些欠缺，专业素养参差不齐，实践经验也存在不足，难免有些疏漏和不尽如意的地方，期望使用该书的师生见谅并多多赐教，我们也会在今后的实践应用中不断修改完善，以飨读者。

编写组曾亚琼代笔

2021 年 12 月 18 日